目次

イギリス貴族

プロローグ――大英帝国の先頭に立つ者

名門貴族の死

今から十数年前の夏、イギリスへ着いた直後に起きたある事件のことは、まだ記憶の隅にありありと残っている。

当時激しいゲリラ活動を展開していたカトリック系過激派組織のアイルランド共和国軍、略称ＩＲＡが、アイルランド沖を愛艇で航行中のマウントバッテン卿なる人物を爆弾によって暗殺し、連日マスコミが大々的な報道を展開するとともに、多くのイギリス国民が深い悲しみにうち沈んでいたのである。

僕の一家が借りていたフラット（アパート）の隣りは老人ホームで（といっても普通の家を改造しただけの小規模なもの）、天気の良い日には歩行器にすがって、それこそ一〇センチずつぐらいの歩幅でゆっくり進む老人たちの姿が見られたものだが、その中の一人のおじいさんが僕にむかって、涙まじりにマウントバッテン卿の不慮の死を悼《いた》んだことがある。まだ引っ越してきたばかりの東洋人にも思いのたけを吐露したくなるほどの深い悲しみだったのだろう。

さて悲痛な言葉を聞かされたほうの僕だが、実はこのときまでマウントバッテンなる人物がいかなるものか知らなかった。

卿と呼ばれるからには貴族であろう。マウントバッテンという名前からして、高貴な血筋を予想させる。スミスさんや、リチャーズさんではないのである。日本流に言えば、武者小路《むしゃのこう じ》さんや姉小路さんというところだ。しかもテレビを見ていると、エリザベス女王が深い悲しみにうちひしがれているというから、王室ゆかりのいとやんごとなき方に違いあるまい。

そこで無知をはずかしがりもせず、大家さんにマウントバッテン卿とはいかなる人物なのかと教えを乞《こ》うた。きかれた大家さん、目に若干の哀れみの表情を浮かべながらも親切に教えて下さる。

マウントバッテン卿、ファースト・ネームはルイスで、ヴィクトリア女王の玄孫、現エリザベス女王の夫君エディンバラ公の叔父上にあたる方だという（ちなみにエディンバラ公の名はフィリップ・マウントバッテンである）。だとすれば女王エリザベスが悲しむのも無理はない。しかもこのマウントバッテン卿、第二次大戦時のイギリスの国民的英雄として、かのサー・ウィンストン・チャーチルと並び称せられる人物だというではないか。いやあ、知らなかった。はずかしい。

軍人としても超一流

後日、大学の図書館でもう少し詳しく調べてみた。

ルイス・マウントバッテンは、一九世紀最後の年の一九〇〇年に生まれた。もともと「バッテンベルク」というドイツ名の家系だが、第一次大戦中の反ドイツ気運の中で、「ベルク」を同じ意味の英語「マウント」に変えた。若いころは海軍で活躍、この光栄あるロイヤル・ネイヴィーのすべての階級を経験したのち、一九四二年には海軍中将に昇進。同時にチャーチルによって統合作戦本部長に任命され、かの有名なノルマンディー上陸作戦の初期計画を指揮する。翌四三年八月には、東南アジア方面連合軍最高司令官となった。

戦後の一九四六年には子爵となり、最後のインド総督としてインドの独立を見とどけ、一九四八年六月まで自治領インドの初代総督を務めた。さらに海軍へ復帰後は、一九五九年から六五年まで参謀総長を務めている。そして一九七九年、休暇でアイルランドに滞在中、悲劇に見舞われたわけだが、それにしても華々しい経歴の持ち主である。そして経歴のみならず能力の点でも、二〇世紀イギリスの軍指揮官中、三本の指に入る傑物だと言われている。ついでに言えばこのマウントバッテン卿、反日家としても有名で、天皇訪欧の際にレセプション出席を最後まで固辞したと言われている。

なるほどこれだけの人物ならば、イギリス中が喪に服しても当然の話である。と同時にふと思ったことは、これほどの血筋、家柄を誇る人物が、軍の指揮官として未曽有《みぞう》の大戦争を第一線で戦い、しかも植民地インドにまで出かけてその独立を見とどけたという、その行動力だった。

たとえば、日本の貴族を考えてみるがいい。いささか語弊があるが、「公家《くげ》の位倒《くらいだお》れ」という言葉があるように、日本の貴族にはどうも金と力には縁の薄い存在というイメージがつきまとう。いや金のほうはともかく、戦場に赴《おもむ》いて一軍を指揮し、見事な戦果をおさめたお公家さんなどというのは、少数の例外を除いてあまりお目にかかれないのである。

こんな事情が頭にあったから、イギリスの貴族も似たようなものだろうと考えていた。ところがマウントバッテン卿は貴族でありながら、軍人としても超一流だったという。

あるいはもう少しのちの話で事情はいささか異なるが、例の「フォークランド紛争」でサッチャー首相の号令一下、イギリス軍が急遽《きゅうきょ》現地へ派遣されたときも、王位継承順位では第四位に位置するアンドルー王子（エリザベス女王の二男。つまり現在のヨーク公）がその中に加わっていたという。どうもイギリス貴族の心には、今もってあの「ノブレス・オブリージュ」（高貴な身分に生まれついた者にはそれに伴う義務がある）の伝統が、脈々と流れているのではあるまいか。

民主国家の中の貴族たち

そう思って調べてみると、マウントバッテン卿にとどまらずイギリスの貴族には、政界、官界、あるいは軍上層部などで大きな仕事をした人間が多数いるようだ。もちろん貴族といっても種々様々だし、あとの章で述べるように、貴族の家系も古くまでさかのぼればどこの馬の骨かわからないケースもある。

ただそれにしても、一六世紀から一七世紀という、国王とそのとりまき貴族らが国を支配していた時代ならいざ知らず、いわゆる「議会政治」が確立して一応の民主国家となった一九世紀以後でも、貴族出身の人物たちが数多く国の指導者として活躍してきた点は、やはり忘れてはならない事実だろう。

たとえばその一部をとりあげてみても、大英帝国の威光がもっとも華やかだったヴィクトリア女王時代、外務大臣を務めたのち首相にもなったパーマストン子爵ヘンリー・ジョン・テンプル（一七八四―一八六五）、一九世紀末、保守党党員として三度にわたり内閣を組織したソールズベリー侯ロバート・アーサー・タルボット・ガスコイン゠セシル（名前だけでも仰々しい）がいるし、あるいは第二次大戦後、保守党から首相になった七人の人物のうち、チャーチル、イーデン、ヒュームの三人は生まれついての名門貴族の出である。

サー・ウィンストン・チャーチル。第二次大戦時のイギリスを率いて類いまれな指導力を発揮し、救国の英雄と称された皮肉屋のチャーチルは、アン女王時代の風雲児ジョン・チャーチルが一代で築きあげたモールバラ公家の出であり、その死去の際には国王に準じる大葬の栄誉を受けている（ちなみにマウントバッテン卿の葬儀も同様だった）。

ともかく近代イギリスにおいて、その能力の評価は別として、指導者層の中には数多くの貴族が見られるのである。だが同時にこうした貴族たちも、今世紀後半にはイギリス自体の国力の低下や、広大な領地をもっているがゆえの重税（あるいは酷税）の圧力、さらには現代の大衆化現象などの波を受けて、厳しい生活を余儀なくされていることも、これまた事実なのである。

本書はこうしたイギリス貴族の姿を、その豊かな生活ぶりや時代の荒波との闘いを含めて、できるだけわかりやすく、そしてなおかつできることなら面白く描こうという、むこうみずな試みの産物と言えるかもしれない。

とはいうものの、貴族とはほとんど御縁のない（若干あるとすれば、わが勤務校のすぐそばに冷泉《れいぜい》家がお住まいになっていることぐらいか）一介の平民の手になるものだけに、はたしてその意図がうまく達せられるか。とにもかくにも、どうか御用とお急ぎでない方は、なにとぞページをめくっていただきたい。

第一章

貴族は稀族

余暇を楽しむ貴族

イギリス貴族の起源

二〇世紀に入って平等化が進んだとはいえ、イギリスの階級制度は依然として脈々と生き続けている。そしてこの階級制度の最上位にくるのが貴族と呼ばれる階層なのだが、さてこの貴族なるもの、いったいいつ頃から存在したのだろうか。実はこの問いに明確な答えを出すことはきわめてむずかしい。というのも、「貴族」なる言葉でどういう種類、範疇《はんちゅう》の人間を指すかが一定しないからである。

たとえば手もとにある百科事典（『世界大百科事典』平凡社）をひもとくと、次のような説明がある。

西洋の歴史において貴族とは、一般に大規模な世襲的土地所有を経済基盤として、生活のための手の労働から解放され、その卓越した軍事的役割と、高貴な血統による排他的門閥形成を通じ、国家の政治的指導の面で大きな特権をもつ身分を指す。英語ではnobility、フランス語ではnoblesse、ドイツ語ではAdel。

しかしこれはいささか茫漠とした定義である。

しかも英語で「貴族」を表わす言葉は、「ノビリティ」（nobility）のほかに「ピア」（peer）や「アリストクラシー」（aristocracy）などがあって、厳密に言えばこれらは区別

貴族の一家

されなければならないのである（この点はあとで触れよう）。

というわけでここでは、イギリスの貴族というのがいったいいつ頃から生まれたものなのか、まずその歴史を若干さかのぼって考えてみよう。

イギリスという国は、これまた厳密に言えば、「グレイトブリテン＝北アイルランド連合王国」という公式名称からわかる通り、イングランド、スコットランド、ウェールズ、北アイルランドの四ヵ国からなる連合国である。そのうち中心をなすのはもちろんイングランドだが、ほかの国も形の上では独立国家と考えてよく、したがってラグビーやサッカーの国際試合でも、それぞれが国の代表チームを組織することになっている。

さて、その中心的存在であるイングランドに貴族制度の確たる一歩が踏み出されたのは、「征服王」と呼ばれるウィリアム一世の時代とされる。彼はもともと北フランスのノルマンディーの公爵だったが、一〇六六年に王位継承でもめていたイングランドに渡ると、「ヘイスティングズの戦い」でハロルド二世を打ち破ってイングランド国王の位についた。そして先住のアングロ・サクソン系住民を抑えて、フランスから引き連れてきたノルマン人の臣下を重用したのである。

ちなみにこれにともなってノルマン・フランス語が大量に英語に侵入し、もとからあったアングロ・サクソン系の言葉に付け加わることで英語の語彙《ごい》が豊かになった。

たとえば英語では、生きている牛は「オックス」(ox)、羊は「シープ」(sheep) と呼ぶのに対し、牛肉は「ビーフ」、羊肉は「マトン」と呼ばれるのは御存知だろう。前者はアングロ・サクソン語、後者はノルマン・フランス語なのだが、一九世紀の文人サー・ウォルター・スコットが歴史小説『アイヴァンホー』の中で書いているとおり、これは被支配民族のサクソン人が昼間一生懸命家畜の世話をして、支配民族のノルマン人が夜にその肉を食べる事情を、ありありと物語るものなのである（わが家では僕がアングロ・サクソン、家族がノルマンである）。

公・侯・伯・子・男

それはさておき、この「ノルマン・コンクェスト」（ノルマン人による征服）とともにイングランドへもち込まれたのが、貴族の爵位を示す肩書である。すなわち、「公爵」(duke)「侯爵」(marquis)「子爵」(viscount)「男爵」(baron) などの語だが、「伯爵」だけはフランス語の comte (count) を使わず、アングロ・サクソン族の称号 earl を使った（ただし夫人の場合は earless ではなく countess を使ったので厄介な話だ）。

貴族の順位は、先にあげた「公・侯・伯・子・男」となることはよく知られているが、イギリスの歴史でもっとも早く制度化されたのは伯爵である。続いて一三三七年に初の公爵コーンウォール公が誕生し、一三八五年にはオックスフォード伯のロバート・ドゥ・ヴィアがダブリン侯爵に叙せられる。子爵は一四四〇年のボーモント卿ジョンが最初である。

しかしながら、こうした貴族はすべて王室と縁つづきの、いわゆる「王族公爵」で、日本流に言えば「宮様」ばかりである。

では王族でない公爵の最初は誰かと言えば、一四八三年、稀代の悪王として名高いリチャード三世（シェイクスピア『リチャード三世』参照）によってノーフォーク公に叙爵されたジョン・ハワードである（ただし遠く祖先をたどれば、このハワードも王族につながる）。

さらに一五四七年にはエドワード・シーモアがサマセット公に叙爵され、公爵だけに限ってみても、その後数多くの公家がつくられたが、それでなくても人名と年号ばかり出てくるこのあたり、お読みになるほうも(書くほうも)つらいだろうから、ここでやめておく。

貴族の種類

上は王族公爵から下は一代貴族にいたるまで、イギリスの貴族も様々にわかれるが、わが日本国とは歴史も国柄も大きく違うだけに、よく知られていない事実、あるいはあいまいにされたままのことがらも数多い。そこでもう少し我慢していただいて、いくつかの点をはっきりさせておこう。

まず第一は、貴族を表わす英語としてすでにあげた「ノビリティ」「ピア」(または「ピアリッジ」)「アリストクラット」(または「アリストクラシー」)などの語が、どういう違いをもつかという点である。

手もとに『ディスターヴェーク英米制度・習慣事典』(秀文インターナショナル)という手頃な事典がある。イギリスやアメリカの政治制度や教育システムについては普通の辞書ではよくわからないことが多いが、この事典はそんなときになかなか便利な情報を与えてくれるものである。この本で「アリストクラシー」(貴族、貴族社会)の項を引くと、次のような説明がある。

“peerage”（貴族）と“aristocracy”は区別しなければならない。前者は貴族院［上院］という政治機関の構成員に対して使われるのに対して、後者は王によって与えられた称号の保持者から成り立っている。これらの称号は彼らの名前の一部をなしており、世襲のものとそうでないものがある。nobility が aristocracy の中でより高い世襲的階級からのみ成り立っているのに対し、最下位の二つの階級（しばしば「ジェントリー」(gentry) と呼ばれ、地方の有力な地主を含む）は nobility には属さず、その称号保持者たちは、上院に議席を持たない。一代貴族（life peerage）という称号の所有者たちは、上院に議席を有する彼らの権利が社会的特権ではなくて、個人的栄誉〈Lords〉であるために nobility には入れられず、また法官貴族〈Law Lords〉や英国国教会の大主教、主教たちも同様である。この二つの範疇《はんちゅう》の人々は時には世襲的称号の所有者であるが、公式職務においては上院議員である。上院に議席を持たない貴族（nobility）もある。

以下延々と続くのだが、このあたりでやめておこう。ただそれにしてもなかなか厄介なものである。こうやって書き写してみても、どうもすっきりわからない。そこで要するに簡単にまとめてみれば、アリストクラシー——国王から称号を与えられたもの。
ノビリティ——アリストクラシーの中で高位のもの。
ピアリッジ——貴族院議員。

ということになろうか。

ちなみに引用文中に現れる「一代貴族」というのは、「一世代に限って貴族の称号を与えられた人で、通例は公務公職に対する褒賞《ほうしょう》として与えられる」ものであり、「ローズ」(Lords) は「王国の貴族あるいは儀礼上人名の前に敬称「閣下」(Lord) をつけることを許されている人」ないしは「貴族院議員」を指す。また「ロー・ローズ」(Law Lords) は「法官貴族」と訳されるもので、「裁判に関与する資格のある貴族院議員」のことである。長い歴史と伝統のある国だけに、厳密を期そうとすると複雑な説明文が要求されるのも致し方のないことかもしれない。

紳士とはどう違うか

ここでもう一つ考えておかなければならない問題がある。すなわち、貴族と紳士《ジェントルマン》がどう違い、あるいはどう重なりあうかという点だ。

実はこの問題は、拙著『イギリス紳士のユーモア』(講談社学術文庫) の冒頭でもいささか触れたのだが、話を進める上でやはり改めて考えておかなければなるまい。

言葉というものは時代によってその意味が異なったり、場合によっては新しいニュアンスが付け加わったりして厄介なものだが、紳士という言葉もその例に洩れない。

今日では紳士といえばかなり幅広い層を指し、主としてその行動パターンや身なりなどから判断して、やれあの人は紳士だとか、やれ誰それは紳士と呼ばれるにふさわしいだとか言うものだが、もともと紳士という言葉の表わす範囲は限られたものだった。

つまり、紳士（ジェントルマン）というのは「ジェントリー」と呼ばれるれっきとした階層を表わす言葉から発しているのであり（もっとさかのぼれば「高貴なる人」という意味の gentilis homo に由来する）、身分としてはもちろん上流階級に属するものであった。

では同じ上流階級の貴族とはどう違うのかといえば、どちらも地主であることに変わりはなかったが、紳士のほうは公・侯・伯・子・男などの爵位をもたない点にあったと言えるだろう（厳密にはもっと詳しい説明が必要なのだろうが、これで大筋は間違いない）。

地主という点では同じだが、身分的には貴族の下、これがジェントルマン（ジェントリー）の基本的意味だが、イギリスが一六、一七世紀以降、近代化を遂げていくと、単に地主だけにとどまらず、貿易でもうけた大商人や、法律家なども紳士の中に含まれてゆく。

一方、貴族のほうとて、その頃から次々に新興貴族が生まれてゆき（この点は後述）、しかもその中にはやはり貿易などで功成り名を遂げたブルジョワ階層が含まれるから、必然的に貴族と紳士との境目はあいまいになっていかざるを得ない。

しかも、先ほど述べたように紳士という言葉が、教養、礼儀、教育などの面で、イギリス人最高の特質をそなえていると思われる男性を表わすようになると、貴族もジェントルマンも一括して「紳士」とみなされることもおこってくるわけで、話がややこしくなるのだ。

それはともかく、貴族と紳士の区別については、以上のような歴史的経緯があることは一応頭の隅にとどめておいていただきたい。

なおついでに言えば、一八世紀ぐらいまでのイギリス小説中にジェントルマンといった言葉が出てきたときには、以上のような事情を含んだ上で読むことが大事である。単に「男性」を意味しているわけではないからだ。

順位の決め方

さて再び貴族に話を戻すと、さらにややこしい点がある。つまり数多《あまた》ある貴族の順位である。なにごとにも、階級による区別が厳然として存在する国だから仕方ないとはいえ、まったくもって始末が悪い。

まず、すでに述べたように、イギリスは連合王国であるから、これにともなって五つの独立した貴族階級制がある。すなわちイングランド、スコットランド、アイルランド、グレイト・ブリテン、そして連合王国である。

これらは建前の上では差がないとされているが、実際はイングランドが優位であって、特にアイルランドの貴族はアイルランド以外の貴族称号を得ない限り（複数の称号をもつことはよくある）、貴族院で議席をもてないという冷遇ぶりである。

次に爵位の序列だが、これは前に述べたように、「公・侯・伯・子・男」の順序になっている。ところがこの下にも「準男爵」（バロネット baronet）や「ナイト爵」（knight）というのがあり、前者は世襲、後者は一代限りとされているし、同じナイトでも「ガーター勲位」や「聖パトリック勲位」、「バス勲位」など、等級に差がある。勲位に属さないナイトとなると、「最下級勲爵士」（knight's bachelor）と呼ばれる始末だ。

さらに、同じ勲位の中でも、歴史的経緯ほか諸々の事情により、おのずと序列が生まれてくる。

たとえば、エリザベス女王の夫君エディンバラ公をはじめ、あの耳の大きな皇太子コーンウォール公チャールズ、その弟で独身時代は女遊びでならしたヨーク公アンドルー、女王の叔父の家系のグロスター公、ケント公の五人は、王族公爵として別格扱いにされ、次いでカンタベリー大司教やヨーク大司教が公爵同等の貴族として位置する。

そしてこの下に、現在ある二六の公家が並ぶのだが、これらも一番から二六番まで順位が決まっているのである。詳しいことをお知りになりたい方は、森護氏の著書『英国の貴族』（ちくま文庫）の巻末に付けられた「英国公爵一覧表」を御覧いただきたいが、こうした序列が国王戴冠式《たいかんしき》をはじめとして、国家的規模の行事の際に大きな争いを生み出してきた（たとえば着席順をめぐるいさかい）ことを思いおこすと、あだやおろそかにはできないのである。

さて序列についてはこのぐらいにして、今まで述べてきた貴族は、イギリス中に何人ぐらいいるのだろうか。これは時代によって差があり、特に一代貴族なるものが認められるようになってからはずいぶん増加したが、近代イギリスの出発点となった一七世紀初めには約六〇名、一七世紀末には一七〇名となり、一九世紀には三〇〇〜四〇〇に達したと言われている。

一代貴族が次々につくられた現代では約一〇〇〇名ほどの貴族がいるとされるが、エイドリアン・ルーム著・渡辺時夫監訳『英国を知る辞典』（研究社）によると、一九八七年現在、王族公爵五名、公爵二六名、侯爵三六名、伯爵一九二名、子爵一二六名、男爵四八二名、女伯爵五名、女男爵一三名となっており、これらをあわせた「生粋《きっすい》の」貴族は八八五人ということになる。貴族というのはやはりずいぶん数が少ないものであって、その意味でも「稀族」なのである。

成り上り貴族

衰えたりとはいえ、イギリス社会の最上部に厳然と位置する貴族たち。しかし彼らとて大昔から貴族だったわけではない。「もともとイギリスの貴族そのものが、テューダー王朝期、ステュアート王朝期の産物であって、ノルマン征服にまでさかのぼると称するものはほとんどすべて一五、六世紀の紋章学者のデッチ上げである」（『イギリスの生活と文化事典』研究社）とまでは大胆に言いきれないが、一六、七世紀以後続々と貴族が生まれたことは事実である。

筆頭公爵の地位を占めるノーフォーク公爵家は、一四八三年にリチャード三世によって公爵位を与えられたイングランド最古の公爵家だが、その家系をたどればノルマン征服時代まで行きつく。

しかし、かなりの貴族が一七世紀以降の産物であることも事実なのであって、その代表格が、あのサー・ウィンストン・チャーチルの出たモールバラ公家である。

今日ではタバコの銘柄のほうで有名な「マルボロ」と同じスペルのモールバラ家は、イギリスの公爵家で第九位にランクされる名門だが、もともとは一介のナイトでしかなかったジョン・チャーチル（一六五〇―一七二二）が一代で築きあげたものである。

このチャーチル、すなわち初代モールバラ公が、一七世紀後半から一八世紀にかけて、いかなる手腕と幸運とによって出世街道をかけのぼったかについては、すぐれた文章家だった故臼田昭氏に『モールバラ公爵のこと』（研究社）と題する、まことに愉快な伝記があるので、ここでは詳しく述べないが、いずれにしても一八世紀アン女王の御代、妻セアラの力と、スペイン継承戦争における戦功とによって、オックスフォードの北ウッドストックに二万二〇〇〇エーカー（成田空港の六倍の広さである！）の領地を与えられ、二万八〇〇〇平方メートルに及ぶブレナム宮殿（第六章章扉参照）を造営するにいたった経緯は、まことに「風雲児」の名にふさわしい。

元祖は女優

一方、モールバラ家よりも格上のセント・オールバンズ公家となると、もとをたどれば一介の女優に行きつくのだから驚きである。

一七世紀前半のイギリスは、オリヴァー・クロムウェル率いる共和国軍によって国王チャールズ一世の首が文字通りとび、内乱によって国内が大いに騒がしくなった時代だった。とりわけ政権を奪ったピューリタン側が、娯楽というものを敵視したために、劇場はさびれ、見世物小屋は廃《すた》れて、庶民の楽しみが一挙に少なくなった。

ところが一六六〇年、亡命先から戻ったチャールズ二世が王位について王政が復活すると、世の中は一転して大いに明るくなった。その原因はなんといっても最高権力者チャールズの性格にある。「陽気な王様《メリー・モナーク》」と呼ばれたこの国王、遊び好きの好色家、次々と愛妾《あいしょう》をふやしたが、その一人がネル・グウィンという女優だった。

ネル・グウィンはもともとウェールズの出身、父は小売商人としてあまり裕福ならざる家計を支えていたが、折りからの内乱で王党派軍の大尉として従軍、内戦において共和国軍に敗れたため一家は貧困を極めることとなる。そこで二女のネルも、ロンドンの貧民街の売春宿で酒運びを手伝って日々の暮らしを助けた。したがってネルは教育などまったく受けておらず、自分のイニシャルN・Gしか字は知らなかったという。

その後ネルは劇場のオレンジ売りとなるが、ここで生来の才気煥発《かんぱつ》を認められて女優に抜《ばっ》擢《てき》され、大活躍をする。そして無類の芝居好きだったチャールズに目をつけられ、あっという間に愛妾の地位を獲得するのである。

ところでこのネル・グウィン、あの稀代の女好きだったチャールズが目をつけたほどだったから、美人には違いないが、演技力のほうも大したものだったようである。この時代のイギリスの貴重な証人サミュエル・ピープスも、次のように激賞しているほどなのだ。

彼女が若い伊達男になって登場すると、その色男ぶった身のこなし、動作など、これほどのものは男にも出せないという感じだ。いや実際、すっかり惚れこんでしまいたくなる。

――一六六七年三月二日

やがてネルはチャールズの子を身ごもる。一六七〇年に第一子チャールズ、翌年には二男のジェームズが生まれた。そして相変わらず国王はこのネルを大いに愛していた。

ところが一六七二年、チャールズは愛妾の一人であるバーバラ・ヴィリアーズをクリーヴランド公に叙爵したのち、翌七三年には同じく愛妾のルイーズ・ドゥ・ケロワールをポーツマス公に叙爵する。チャールズは歴代の国王の中でもやたらに貴族をつくったので有名だが、ヴィリアーズは自分よりも前からの愛妾だったから当然と思ったネルも、ルイーズに先を越されたことには不満を抱く。

しかも一六七五年には、ルイーズの息子チャールズ・レノックスがリッチモンド公爵、バーバラの息子二人が、それぞれグラフトン公、サウサンプトン公に叙せられた。これに対しネルのほうは一向に音沙汰がない。

怒ったネルは、日頃はものをねだる性格ではなかったのに（それが災いして、今日のセント・オールバンズ公家は手許不如意《てもとふにょい》だと言われる）、このときばかりはチャールズをせっついてわが子への叙爵を求めた。

こうして一六七六年に、長男チャールズはヘディングタン男爵位ならびにバーフォード伯位を、二男ジェームズはボークラーク卿の称号を得るとともに、子供たちの姓もボークラークとされた。そしてチャールズ二世は死の前年の一六八四年に、チャールズ・ボークラークにセント・オールバンズ公位を与え、以後今日までこの公家は続いているのである。

紋章が大切

このように見てくると、どうも近代に入った一七、一八世紀頃を境にして貴族がふえたことはやはり事実のようだ。というのも、中世においては富をもつということは、ほとんどすべて土地所有を土台にしていたわけだが、一七世紀頃から貿易や商業で富を得た連中が、その財産をバックにして社会階層の上部へとのしあがってくるのである。いささか言葉は悪いが、新興成金が貴族に列せられるという現象が見られるようになるわけだ。

たとえばある統計によると、ジェームズ一世（一七世紀初め）は六二、チャールズ一世は五九、チャールズ二世は六四の貴族をそれぞれつくり出してやったそうで、これは一六世紀後半のメアリー女王の九、エリザベス女王の二九と比べると、ずいぶん多い数である。そしてこの貴族に叙せられた人間のほとんどが、身分としては平民だが、貿易などによって金をもうけた連中だった。

当時、貴族になった人間は主として次の三つのパターンにあてはまると言われる（ヴェルナー・ゾンバルト『恋愛と贅沢と資本主義』講談社学術文庫）。

㈠なんらかの功績をあげたか、あるいはこうした功績に匹敵するような金額を提供したことによって貴族に列せられるチャンスをつかみ、その結果、貴族の称号を受けた場合。

㈡世襲貴族と結びついた位階や官職を与えられた場合。

貴族と大商人の縁組み

㈢従来世襲貴族が等しくしがみついていた土地を獲得した場合。（金森誠也訳）

つまり、貴族という身分と市民の金とが融合したわけで、ゾンバルトが言うように、これは一面では「古い名門の貴族の一部は彼らの家族に往時の輝きを与えるために新興成金層の前に身を屈し、結婚という方法を通じ、必要不可欠な何百万という金を入手するようになった」わけである。ある意味ではこの時代から、少なくとも由緒ある貴族の生活にかげりが見え始めていたとも言えるだろう。

しかし逆にみれば、金はあれども身分の低い市民層が、こうした手段を通じて貴族に格上げされ、改めて新しい貴族の世界をつくりあげていったと言えるかもしれない。そしてその際に特に重視されたのは紋章であって、これによって由緒ある家系が確認されれば、もはや鬼に金棒となる。そのあたりの事情を、『ロビンソン・クルーソー』の作者デフォーは鮮やかに書き記している。

今日見受けられることは、富裕になったイギリスの商人が自分たちの先祖の紋章を探すべく紋章院におしかける姿である。彼らは紋章を探し出せれば、これを馬車に描いたり、皿に彫ったり、家具調度にぬいつけたり、新築の家屋の破風にきざみこもうとしているのだ。……いくら探し求めても先祖の紋章がみつからないときには、彼らはしばしば新家系創設に踏みきることができるように思っている。これは聞いた話だが、ロンドンのある商人は自分がその後裔であるべき古い家柄を発見することができなければ、彼の先代にいたであろうと思われる立派なジェントルマンを元祖とする新しい家系を創作する意向であった。

そしてこのような新興の貴族も、一〇〇年二〇〇年と時が経てば、いっぱしの大貴族、由緒正しき上流階級として社会に君臨することになるわけで、歴史はその意味でもなかなかに興味深いものなのである。

第二章

貴族の豊かな生活

貴族の食堂

広大な領地

「お宅の敷地はどのくらいあるのですか」と尋ねられた貴族は、「わが国境はあの山の向こうのそのまた向こうの……」と答えた、こういう話を聞いたことがある。実際、貴族の所有している土地は広大な面積にのぼるものであった。

たとえば今を去ること一二〇年前の一八七〇年代、つまり、かの大英帝国真っ盛りの時期に、なんと七〇〇年ぶりに土地所有の調査がおこなわれた。そしてこのとき明らかになったことは、イギリスがいかに大土地所有制の国かという点である。

まずイングランドとウェールズにおいて、四〇〇〇人の貴族が全所有地の一七%にあたる五七二万八九七九エーカーを所有していた。一エーカーは約一二〇〇坪だから、大変な広さの所有地である。

さらに三〇〇〇エーカー以上をもつ地主が一二八八人いて、全所有地の二五%を所有し、一〇〇〇エーカー以上三〇〇〇エーカー以下の地主が二五二九人いて、全所有地の約一三%を所有している。要するに諸々の数字をまとめると、全土地所有者数のうち〇・四四%にあたる人間が、全所有地の約五五%を所有するという、典型的な大土地所有制の実態が明らかとなったのである。

ところでこの地主階層の中には、貴族とともに前章で述べたジェントリーと呼ばれる階層が含まれているが、当然のことながら貴族のほうが所有地はずっと広かった。すなわち貴族の場合、最低で一万エーカー、人によっては五万エーカーにも及ぶという。つまり最低クラスでも成田空港の三倍近く、トップクラスになると一五倍になる計算である。

これに対してジェントリーのほうは、一万エーカーが最大の部類で、三〇〇〇エーカーから一〇〇〇エーカーの小地主はスクワイアと呼ばれた。

ところでこうした大領地をもつ貴族も、今世紀に入ると相続税や財産税高騰《こうとう》のあおりを受けて領地の維持に汲々《きゅうきゅう》とし始めるのだが、すべての貴族が苦境にあえいでいるわけではない。

たとえばイギリスの公位では一二番目に位置するバクルー公爵家は、現在でも二五万エーカーという広大な土地を所有しているし、アーガイル公爵は一二万エーカー、ノーサンバランド公とアサル公はそれぞれ八万エーカーの大地主である。しかしその反面、前章であげたセント・オールバンズ公家のように領地がなく、賃貸住宅に住んでいるとか、イギリスを離れてアフリカに住むマンチェスター公やモントローズ公の例もある。

こうした貴族がもっている（あるいはかつてもっていた）所領は、チャーチルの出たモールバラ家の例からわかる通り、もともと爵位とともに与えられたものであり、爵位名の多くはこうした領地名に由来するわけである（もちろん一致しないケースもあって、ノーフォーク公はノーフォークには少ししか土地がなく、所領の大部分はシェフィールドやヨークシャーなどにある）。

そしてこれらの所領が時代とともにふえたり、あるいは減ったりして今日にいたるわけだが、それにつけても思うのは、わが日本国と比べてなんとスケールの大きなことよという点である。なにしろチャールズ皇太子が地主となっている土地の広さは、東京二三区の面積に相当するというのだから、いくら身分が違うとはいえ、呆然《ぼうぜん》としてつばも出なくなる。

そういえば、一〇年ほど前にふとした縁で知りあったイギリス人が貴族の出で、その家へ招かれたことがあったが、これまた広大な敷地を誇るものだった。その頃製作されて見事アカデミー賞をとった『炎のランナー』というすばらしい映画があったが、あの中に貴族の息子が自邸の広大な庭でハードル競技の練習をする場面がある。実はあのときロケ地として使われたのがここの邸だということを聞いて、さもありなんと思ったものだ。

それはともかく、貴族の生活の場は基本的には田舎にあり、この広大な領地にこれまた豪壮な邸宅を構えて悠々たる生活を送るのである。次にそうしたカントリー・ハウスの様子を見てみよう。

権力の館、カントリー・ハウス

今日でもイギリス各地に多くのカントリー・ハウスが存在しているが、この起源は遠く中世にさかのぼる。『英国のカントリー・ハウス』(住まいの図書館出版局)という卓抜な書物を著したマーク・ジルアードは、次のように述べている。

カントリー・ハウスとは何のためのものだったのであろうか。現在はどうであれ、元来、それは富裕な人々の住むただの大きな在郷邸宅などではなかった。根本的には支配階級の住む権力の館だったのである。だから地域内では地主の館、マナー・ハウスとして機能し、館の主は村ではちょっとした王様気取りで、四季裁判所［訳註――年四回開かれた下級の刑事裁判所］で仲間の治安判事と組んで地域の運営にあたったのである。地域的にも全国的にも、それは地主の屋敷であった。（森静子訳）

現在ではナショナル・トラスト（後述）の管理下にあるものがふえたとはいえ、カントリー・ハウスはイギリス貴族の住居として歴代その威容を誇ってきたものである。ではこのカントリー・ハウスと呼ばれる屋敷は、具体的にはどれくらいの大きさで、内部はどのようになっていたものなのか。これは当然のことながら時代によって変化がみられるが、その概略を示せば次の通りである。

まず中世以来のカントリー・ハウスは、先のジルアードの言葉にもあったように、荘園経済の中心に位置するマナー・ハウス（荘園屋敷）の性格を色濃くもつもので、建物全体の規模はのちのものと比べるとそれほど宏壮ではなく（といってもわれらがウサギ小屋とは雲泥の差がある）、庭園は自然の風景をそのまま取り入れることに重点が置かれている。

こうした古き良き時代のカントリー・ハウスを偲《しの》ばせるのは、ケント州のトンブリッジという町のはずれにあるペンズハースト・プレイスで、一四世紀以来の歴史を背負って今もひっそりとしたたたずまいを見せている。

このような「メリー・イングランド」の象徴とも言うべきカントリー・ハウスの建物では、ホールと呼ばれる大広間が重要な役割を果たしていた。すなわち、建物の中心に位置するこのホールは、カントリー・ハウスに住む貴族の一家や、そこに招かれた大勢の客人たちが豪勢な食事をとりつつ談笑する場であり、その意味では中世の貴族、領主の権力の象徴とも言うべき部屋だったのである。

当時のホールの賑《にぎ》わいぶりは、たとえば子供の頃に読んだ『アーサー王物語』の円卓の光景に生き生きと描かれていた覚えがあるが、イギリス文学を若干ひもとけば、同じ中世の騎士道物語『サー・ガウェインと緑の騎士』(一四世紀半ばに書かれたもの)にもホールでクリスマスを祝う場面が見られる。

アーサーの居城キャメロット城のホールにおいては、騎士や貴婦人たちが笑いざわめきながら、新年の贈り物を奪いあう。やがてアーサー以下、貴顕のものたちが上座につくと、

色とりどりの旗を華やかに下げた
トランペットの高鳴りで最初の品々が出る。

太鼓の轟きもあらた、美しい笛の音が
激しく高くひびき、楽の音を
聞いた一同の心は高く高く舞い上がった。

今日にもその名を残しているウェストミンスター・ホールのように、縦七三メートル、横三〇メートルの大部屋に、ウィリアム征服王の招きで数千人の客が集まって祝宴が催されたなどという破天荒な（あるいはわが大学の卒業謝恩会のような）例はあるが、これほどのスケールはないにしても、ペンズハースト・プレイスの縦一九メートル、横一二メートルのホールでも多くの人が招かれて飲食がおこなわれたに違いない。時には心やさしき領主が質素な暮らしを毎日続ける領民を招いて、楽しい談話にふけることもあっただろう。

巨大カントリー・ハウスの誕生

しかしホールを中心とした生活様式は、中世末からルネッサンス期（一四世紀末から一六世紀）になって、より大規模で宏壮なカントリー・ハウスが次々と建築されるに従い、大きな変化を遂げていく。

細かい経過は省略するが、あらゆる生活の中心であったホールが遠景へと徐々にしりぞいて、カントリー・ハウスに暮らす人間に、よりプライヴェートな空間が確保されるようになった点である。一例をあげれば、食事をする部屋としてホールよりも小規模な食堂が設けられたことや、親しい客との語らいの場が寝室へと移ったことなどである。

それにしても、イギリス各地に今日も点在するカントリー・ハウスを訪れて驚くことは、建物の広さと部屋数の多さ、どっしりとした外見と屋内の天井の高さなどである。ホールの広さはすでに述べた通りだが、寝室や応接間、書斎や台所などもそれぞれゆったりとしたスペースがとられており、場所によっては寝室だけでわが一家が十分に暮らせそうなカントリー・ハウスもある。しかも控えの間があったり、書斎というよりは図書室というべき大きな部屋があったりもする。さらに食料貯蔵室や地下貯蔵室《セラー》にしても、ここにぎっしり食料、飲料が保管されていれば、一年やそこらは十分に生きてゆけると思えるほどである。その意味ではカントリー・ハウスは、日本の城に等しいと言えるかもしれない。

中でもびっくりしたのは「ギャラリー」と呼ばれる部分である。日本流に言えば回廊《かいろう》とでも訳すべきこのギャラリー、三〜四メートルぐらいの幅の廊下が建物の中にあるもので、立派な屋根つき壁つきのものもあれば、単なる通路としか思えないギャラリーもある。もともとは、ある所から別の所へ行く通路を風雨から守る意図でつくられたものらしいが、カントリー・ハウスに住む貴族たちは健康保持のために、天候の悪い日にはこのギャラリーを歩いたり、ここで運動したりしたという。その後、ギャラリーに彫刻が置かれたり、壁に肖像画がかけられたりして、今ではちょっとした美術館という趣き（いやそもそも美術館を意味するギャラリーは、こうしたカントリー・ハウスのギャラリーから始まったものなのだが）を呈しているが、廊下どころか自分の部屋ももてない身には、いささかこたえる話である。

一五八〇年代につくられたダービシャーはワークソップ・マナー・ハウスのギャラリーは、幅三六フィート、奥行き二一二フィートというとんでもないものだが、一六〇七年、ベリックに館を建築中のダンバー卿を訪ねた人の言を借りれば、「ここにできるギャラリーに比べたら、ワークソップのギャラリーは屋根裏部屋みたいなものさ」だと。

ただしついでに言っておけば、これだけたくさんの部屋数（四〇や五〇はざらである。ちなみにヨークシャーのウエントワース・ウッドハウスは部屋数二四〇、案内された部屋から広間へ無事たどりつけるよう、客にはひと巻きのひもが渡されたという）があり、しかも各部屋が広くて天井が高いとなると、暖房をするのが大変である。かつては暖炉のぬくもりが唯一の暖房だったが、まさか古い由緒ある建物にセントラル・ヒーティングを設けるわけにもいくまい。その点でも財政逼迫《ひっぱく》の貴族様の悩みは大きいはずである。

ぜいたく三昧

カントリー・ハウスの壮大なスケールもさることながら、往時の貴族の生活ぶりはわれわれ庶民の想像を超えるぜいたくに満ちあふれている。

その中でも貴族の筆頭である国王のぜいたくはけた違いで、一つの宮殿から別の宮殿に移る際、荷物を運ぶのが面倒だとばかり、あちこちに宮殿をつくってその数二四になったというチャールズ一世などは、常軌を逸しているとしか思えまい。これでは革命で首を斬られるのも当然だろう。ゾンバルトによると、王室費の増加は一七、一八世紀と時代を経るごとに著しくなる一方で、その額は一般庶民の想像をはるかに超えるという。

一五四九年、宮廷をまかなうための支出は一〇万ポンドで、これだけですでにヘンリー七世時代の五倍に達した。これにつづく二世代の間に、支出はさらに五倍にふえた。王政復古ののちに、イギリス諸王は、王室費をはっきり認められたため、それ以後の支出は、きちんと数字をもとにして追究できる。チャールズ二世のためにきめられた一二〇万ポンドは、もちろん完全に支払われなかった。そのため本当はその程度の金がいる哀れなチャールズは、いつも金が足りなくて苦しんでいた。一六七五～七六年にかけての彼の予算は、四六万二一一五ポンドという支出にみあって定められたものである。

ウィリアム三世は、一六八九年十一月五日から一七〇二年三月二十五日にいたる統治時代に、あわせて八八八万五〇六ポンド二シリング九ペニーを、彼および彼の宮廷のために支出した。アン女王はその後一二年間に七六〇万四八四八ポンド、年平均六三万三七〇〇ポンドを支出した（彼女の王室費は、一九六万五六〇五ポンドのいわゆる全平和予算のうちの七〇万ポンドを占めた）。ジョージ一世および二世の王室費は八〇万から

ギャラリー（ダービシャーのハードウィック・ホール）

九〇万ポンドの間を上下したが、ジョージ三世になると、これが九二万三一九六ポンドにあがった。

王室がこういう状態だから、それに仕える貴族のほうもぜいたくの追求には熱心となる。新興成り上り貴族は、たとえばモールバラのように、宮殿なみの邸宅造営に金をかける（どこかの国でも同じ現象が見られる）。同時に、衣裳《いしょう》に金をかけることも貴族的生活、ぜいたくの特徴だった。たとえば、一七世紀後半、イギリスのある貴族は、絹やビロードの服を年に五〇着もつくり、その費用だけで一般庶民一万人が一年暮らせるぐらいだったという。

ただし貴族のすべてが洋服にぜいたく三昧《ざんまい》と言えるほどの金を費やしたわけではなく、由緒正しい家系の貴族は概して質素な身なりを好んでいたとも言える。われわれは貴族と聞くと、ついあの華やかな礼服をイメージしがちだが、僕の知っている限りでは、少なくとも日常生活ではわりと質素な服を着ていることが多い。すり切れたセーターで庭仕事をしている貴族というのも、まんざら少ないわけではないのである。

一方、洋服以上に金がかかっているのは、室内にあふれる様々の装飾品である。一八世紀イギリスの状況について、貴重な証言を残したドイツ人のアルヒェンホルツによれば、上流のイギリス人が室内を飾る際のぜいたくぶりは、ヨーロッパ随一だそうだ。

上流のイギリス人が室内を飾るさいのきらびやかさは、全ヨーロッパのどこの土地で求められる華麗さをもしのいでいる。階段にはじゅうたんが敷きつめられ、マホガニー材のてすりには、えもいわれぬやさしいすがたが彫ってある。頭上には、水晶や金属をあやなして木の枝のようにこしらえたランプが堂々とたれ下がっている。階段の途中には胸像がおかれ、絵画やメダルもかけられている。

うるしぬりやメッキをほどこした室内には高価な画や小さな彫像が見受けられ、炉は高価このうえもない大理石でつくられ、はなやかな台の上にはすばらしい彫刻や花瓶などがおかれている。それに石炭の上にかぶせるみがきあげた鋼鉄、青銅のかざりがついた簀子《すのこ》板もある。とびらのかぎは鉄と金のきめこまかい芸術であり、足の下に敷くじゅうたんも、一部屋分だけで数百ポンド・スターリングはかかっていることであろう。窓枠は高価な東インドの産物でつくられており、各種各様の豪華な時計にも、工学のすべての技術がおしみなく用いられている、等々。

使用人たち

広大な敷地と城のような建物をもつ貴族にとって、使用人や召使いは日常不可欠のものである。かつては懐中時計を持っていても、ネジを巻くのはすべて使用人まかせだったと言われる貴族だが、もちろん今日ではそんなことはめったにない話である。

中世の貴族は、日本で言えば江戸時代の大名のようなものであって、騎士や聖職者を含めて数百人の人間を抱えているのが普通だった。ジルアードによれば、次の通りである。

一四二〇年、ウォリック伯爵夫妻の世帯は少なくとも一二五人であった。一五〇七年から翌年にかけてのバッキンガム公爵家では、降臨節の一〇〇人くらいから顕現節の二〇〇人まで、季節によって人数が変化した。数年後のノーサンバランド伯爵家の人員一覧表には一六六人が載っており、一五二六年のクリスマスにはノーフォーク公のフラム

19世紀中頃のある貴族の使用人たち

リンガム城での総勢は一四四名であった。もっと大勢の世帯もあって、特に王室と血縁関係のある一家、王位を狙う家系ではそうであった。一四世紀半ばにトマス・バークレイ卿は三〇〇人の世帯を擁していたといわれるし、一六世紀初頭のウルジー枢機卿家ではその数が五〇〇人くらいであった。しかしとにかく、中世後半期において貴族や高位聖職者の世帯の人数は通常、一〇〇人から二〇〇人の間であった。

このような使用人たちの集団は、ピラミッド型の階層をなしており、上層部は騎士やジェントルマンが占めている。彼らは一朝ことあれば領主である貴族とともに戦場にはせ参じるのだが、戦争が減るにしたがい、こうした人間たちの存在も影が薄れてくる。代わって、食卓で主君のために肉を切り盛る係や、飲み物を注ぐ係が、ジェントルマン階級から出てくるのである。

使用人たちは、日常のこまごました雑事をおこなう人間がその大部分を占めていたが、カントリー・ハウスが祝宴の舞台となることが多かったために、いわゆる「芸能人」たちも含まれていた。吟遊楽人やトランペット吹き、鷹匠《たかじょう》や道化師たちである。

またこうした使用人の大部分が男だった点も、一つの特徴としてあげるべきかもしれない。たとえば中世のノーサンバランド伯爵家では、男女の比率が一六六対九で、その女性は伯爵夫人、令嬢一人、侍女三人、女中二人、乳母二人であったという。ジルアードによれば、貴族の世帯がこのように男性優位だったのは、それがもともと私兵の寄せ集めだったことと関連するらしい。そして使用人の多くは、領地内の出身者だった（だから、ある意味では地域の労働人口を吸収する役割を果たしたとも言える）。

馬車に伴走するフットマン

中世の大貴族の世帯人数がそのまま後代にまで受け継がれたとは言えないが、近代になっても貴族の館には相当数の使用人がいたことは確かで、仕事の分担も細かく分けられていた。

たとえば一八世紀頃の文献を読むと、上は執事から下は洗濯女にいたるまで、三〇種類ぐらいの段階に使用人が分類されており、その中には御主人様の手紙を届けるだけが仕事というのまである（通信手段が限られていた時代だから、これはこれで結構忙しかった）。

また使用人の中でも恐らく一番つらい仕事をしたと思われるのは、貴族の馬車の供回りを務めるフットマンと言われるものである。これはその名の通り、お殿様が馬車でお出かけのときに、常に駆け足で伴走した人間で、ロンドンから田舎のカントリー・ハウスへ帰るときも馬車のそばを走っていた。一八世紀ぐらいまでの馬車はそれほどのスピードが出なかったとはいえ、なんともつらい勤務である。

あるときなどは、貴族同士が互いのフットマンの健脚を自慢して譲らなかったことから競争となり、ゴールした途端に息絶えたものもいたというから、命がけの仕事と言えるかもしれない。

二〇世紀に入るとさすがに使用人の数は減ったが、それでも数十人の使用人を抱えているカントリー・ハウスがある。杉恵惇宏氏は長年にわたって『英日文化』という、地味ながら貴重な雑誌を編集発行しているすぐれた研究者だが、そこにイギリスのカントリー・ハウスをテーマにした軽妙なエッセイが連載されている。少々長くなるが、一般にはなかなか目に触れることのない文章なので次にその一節を引いておく。

上流階級が維持している土地や使用人や家財道具を含めた住居の規模はそれぞれ異な

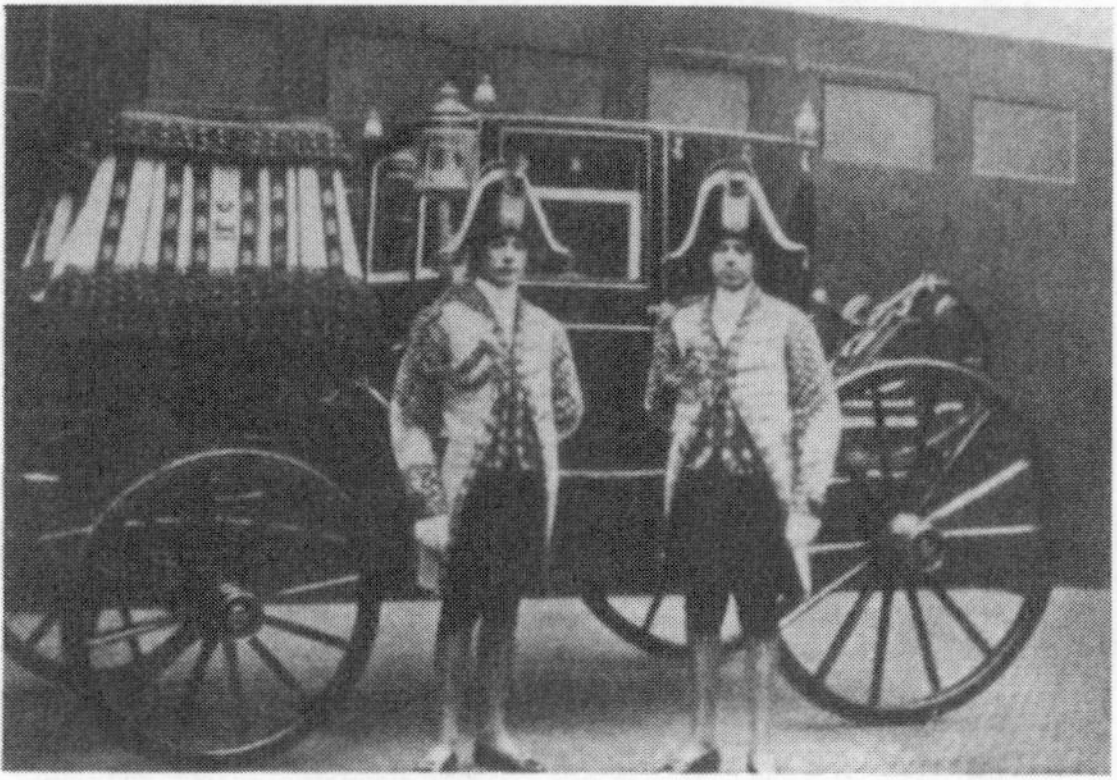

㊤執事（18世紀中頃）㊦フットマン（18世紀末）

るが、王室を例外として、半世紀前と同じライフスタイルを保っている人たちはまずいないのではないだろうか。使用人の数にしても、栄華を極めた当時の五分の一もいればいい方で、十分の一もかかえていられる家族とて少い筈である。大戦を経る毎に使用人を置くことはむずかしくなった。従来、中産階級でも比較的裕福な家庭では使用人が少なくとも五、六人はいなければ、一家を維持していくことは困難と考えられていた。最低限の六人とは、コック、ハウスキーパー、ナニー（または女性家庭教師）、ハウスメイド、侍女、それに運転手（か雑役夫）である。

社交界にデビューする娘を持つ家庭は八人から十二人の使用人を必要としたと言われる。イヴリン・ウォーの『ア・ハンドフル・オヴ・ダスト』（一九三四）の中で、ブレンダ・ラスト夫人は次のように述べている。

「ここに住むだけでどのくらい費用がかかると思いますか。それほどの費用がかからなかったら、わたしたちは相当なお金もちになれるでしょうに。実際は一五人の召使いをかかえていますし、そのほかに庭師や大工や夜警番や農場で働く人たち、それに時計を巻いたり、帳簿をごまかしたり、濠をきれいにしたりする臨時の使用人が何人もいるんですよ……。」

大規模な邸宅ともなるとこの程度の使用人ではとうてい維持できる筈もない。規模の大きさではカントリー・ハウスの中でも有数の「チャッツワース」館は、一世紀前なら当然のことだが半世紀前の一九三九年でも依然として五〇人以上のスタッフによって支えられていた。このうち四〇人が領地内に住んでいたが、待遇はそれほど良くなかった。

最後のところに書かれているように、待遇はお世辞にもいいとは言えず、女中頭《がしら》とも言うべきハウスキーパーの年収は今日の額に換算して二〇〇〇〜二八〇〇ポンド（四六万〜六四万円）だったそうだ。住み込みだから生活費はほとんどかからないとはいえ、かなりの安さである。

ハウスメイドにいたっては年額、日本円に直して二〇万円前後で、しかも「一週間に一度の午後と一日おきに晩の休みがとれたが、いつも重労働が待っていて、自由な時間はほとんどないと言ってよかった」というから、決していい仕事ではない。しかも昇給がないためにすぐにやめるものが多かった。

またかつては「お仕着せ」といって制服が支給された時代もあったが、このチャッツワース館ではハウスメイドたちは自分で制服を買わなくてはならなかった。なんとも世知辛い話である。

執事の効用

貴族の家の使用人の中で、もっとも重要な存在は執事である。英語で言えば「バトラー」。この言葉、もともとは「ボトル」に由来するらしく、酒類や食器などを管理する役目だったことからこの名称がついた。ただしもちろん執事とは数多《あまた》いる使用人のトップに位置するもので（ある侯爵家では御主人が顔を合わせるのは執事だけで、馬でお出かけのときには、ほかの使用人に見えないよう発煙筒がたかれたそうだ）、その権威は領主様一家に次ぐ、いやひょっとすると場合によってはそれよりも力が上であったりする。

イギリスの上流階級を描いた映画や小説には三〇年、四〇年にわたって執事を務めているなどという、いわばその家の生き字引きのような人物が登場することがあるが、こういう執事に対しては領主様も一目おいていて、家風に合わない決定などをおこなおうものなら、ぴしゃりとたしなめられたりする。

P・G・ウッドハウスと言えば、イギリスのユーモア作家として評価の高い人物で、その作品は上流階級の日常生活をいささかの皮肉を交えた軽妙な筆致で描いたものとして人気があるが（日本でももっと読まれていいのではないか）、その中にたびたび登場するジーヴズは、機略に富んだまことに模範的執事として御主人様の窮地をたびたび救う人物である。

こうした執事の出自（シャレです）は概して良いのであって、もちろんその職掌柄、学をひけらかすようなことはないが、言葉の端々に教養が見えかくれする。なにかで読んだ話だが、ある貴族の家に招かれた人物、そこの家の御当主よりも執事のほうが押し出しが立派で、しかもしゃべる英語が生粋のキングズ・イングリッシュだったためびっくりしたという（逆に成り上りの貴族が執事を雇ったところ、自分よりきれいな英語をしゃべるために初めての客がみな執事を主人と間違えてしまうので、怒って解雇した例もあるそうだ）。

また貴族の屋敷では、たびたび人を招いてパーティーや夕食会が開かれるが、こうした場合に執事は欠かすことのできない存在である。テーブルのセッティングや食事の段どり、ワインの選択や招待客の送迎、こうしたこまごまとした雑務をとりしきるためにはベテランの執事は不可欠であり、しかもすぐれた執事はこれらのことを顔色一つ変えずに平然とやってのけるのである（ついでに言えば、執事の重要な仕事として代々伝わる貴重な銀器を磨く作業があり、もしそういう家へ招かれることがあればぜひ銀食器の光り具合をたしかめていただきたい）。

実際、かつてのように多数の使用人を抱えた貴族の屋敷では、使用人頭としての執事の役目は重要なものであって、当主が頻繁に領地を留守にしてロンドンへ出かけることが多くなれば、江戸時代の城代家老のような役割を執事が果たさなければならないのである。

とはいうものの、現代ではこうした執事も徐々に過去の遺物となりつつあり、家のこと一切を任せるに足るだけの人物はなかなか得難くなっている。そのため、ときにはヘッド・ハンティングまがいのこともおこなわれるようで、さる貴族のお屋敷では、三二年務めた執事が一〇倍以上の給金につられて、アメリカのとある大富豪のもとへトラヴァーユした、などという話も伝わってくる。

しかしその一方では、三代にわたって執事を務めているなどという化石のような存在もあり、これには若い御当主もまったく頭が上がらないそうだ。

執事の品格

ただしこの執事という人種、僕の限られた経験から言うと、その目の端に宿る冷い表情が若干気になることもある。ひょっとしたら当方のひがみかもしれないが、客の品定めを一瞬のうちにおこなっているフシが見受けられるのだ。

そこで思い出すのは、あの『ガリヴァー旅行記』を書いたジョナサン・スウィフトである。このスウィフトに『奴婢訓』（岩波文庫）と題するきわめて皮肉な小著があって、その中では大家《たいけ》に奉公する人間たちにどのようにしたら楽に仕事ができるかが細かく教授されている。そしてこの本の冒頭第一章では、執事に対して次のような訓《おし》えが説かれているのである。

たまたま席に身分卑しい客、お抱え牧師、家庭教師、厄介になってる親戚などが居て、主人や一座のお客から余り尊敬されていないことを知ったら（こういうことの発見、観察には召使ほど素早いものはない）、執事と従僕は目上のお手本に倣《なら》って、その客を他よりも数段劣った者として待遇する。これほど主人を、少なくとも奥様を、喜ばすものはない。（深町弘三訳）

まさかこの文章を読んで実践しているわけでもなかろうが、威風堂々たる執事の慇懃無礼《いんぎんぶれい》なる態度には、われら平民はつい気おくれがしてしまうのである。

ついでながら、執事とのいさかいがもとで妙なゴシップを暴露され、大衆紙に面白おかしくとりあげられた貴族がいる。前記の杉恵氏が紹介しているものだが、第一一代デヴォンシャー公爵は、ある日突然「好色なアンディ（名前がアンドルーである）」とのうわさをたてられ、新聞で大きくとりあげられることになる。

ことの次第はこうである。執事のデズモンド・キャラハンが、公爵と複数のガールフレンドとの行状を新聞記者に話してしまったのだが、それによると、妙齢の婦人がディナーに一糸纏《まと》わぬ姿で現れ、執事の前を平気で歩いたとか、モーニング・ティーを部屋に運んだら、共に夜を過したらしい裸の若い女性がいて、目のやり場に困った、といった内容である。執事は、どの女性も素晴らしい美人で、半数は貴族の出身、半数は電話一本で呼べるその筋の女性だと語っている。

何を今さらという気がしないでもない。イギリス史をひもとけば、貴族のゴシップ、スキャンダルは枚挙にいとまがないほど出てくるからだ。

ちなみに、デヴォンシャー公の執事がなぜこんなことを暴露したのかといえば、主人の小切手六万一〇〇〇ポンドを盗んだ科《とが》で告発され、その腹いせにプライヴァシーを法廷であげつらったとのことだ。執事道も地に落ちたと言わなければなるまい。

　その意味で、もっとも執事らしい姿を呈しているのは、小説家カズオ・イシグロの『日の名残り』に登場するスティーヴンスである。

カズオ・イシグロは、その名前からわかる通り日本生まれだが、幼くしてイギリスへ渡り、現在はイギリスの国籍もとってかの地に暮らしている。そしてその小説は最近特に評価が高く、いくつかの賞をとって現代イギリス小説界の一方の旗手と目される人物である。

さてイシグロの『日の名残り』（ハヤカワepi文庫）は、ダーリントンという貴族の家で、親子二代にわたり執事を務めるスティーヴンスの一人語りという体裁をとった小説だが、ほとんど事件らしい事件もおこらず、淡々と語られる回想や旅の描写の中から、人々の微妙な心の揺れが見事に浮かびあがる、いかにも伝統的なイギリス小説である。

そしてこの小説の中で、主人公である執事のスティーヴンスは、たびたび「品格」という問題をとりあげて次のように述べる。

品格の有無を決定するものは、みずからの職業的あり方を貫き、それに堪える能力だと言えるのではありますまいか。並の執事は、ほんの少し挑発されただけで職業的あり方を投げ捨て、個人的なあり方に逃げ込みます。そのような人にとって、執事であることはパントマイムを演じているのと変わりません。ちょっと動揺する。ちょっとつまずく。すると、たちまちうわべがはがれ落ち、中の演技者がむき出しになるのです。偉大な執事が偉大であるゆえんは、みずからの職業的あり方に常住し、最後の最後までそこに踏みとどまれることでしょう。外部の出来事には——それがどれほど意外でも、恐ろしくても、腹立たしくても——動じません。偉大な執事は、紳士がスーツを着るように執事職を身にまといます。公衆の面前でそれを脱ぎ捨てるような真似は、たとえごろつき相手でも、どんな苦境に陥ったときでも、絶対にいたしません。それを脱ぐのは、みずから脱ごうと思ったとき以外にはなく、それは自分が完全に一人だけのときにかぎられます。まさに「品格」の問題なのです。（土屋政雄訳）

したがって執事は、イギリス民族に固有の存在であって、ヨーロッパ大陸の諸民族は一般に感情の抑制ができないから、執事になれないというのである。なかなかおもしろい観察ではないか。

母がわりのナニー

執事が貴族の家を実質上とりしきる役目を果たし、それゆえに御当主と接触する機会が多い存在だとすれば、御当主幼少のみぎりにもっとも近しい使用人は「ナニー」、つまり乳母である。

前記スウィフトの『奴婢訓』第一三章では、この乳母に対して次のような訓《おし》えが説かれている。

赤ん坊を落っことして足を駄目にしても、しゃべってはならぬ。赤ん坊が死ねば、万事丸くおさまる。

乳をやっている間に、出来るだけ早くお腹《なか》に子供をこしらえる工夫をし、今の赤ん坊が死んだり乳離れしたりした時に、直《す》ぐ次のつとめ口にありつけるようにする。

まさかこんなにすごい乳母はいないだろうが、いずれにしても乳母という存在、貴族の御子弟にとっては母親よりも身近な人間だったと言えるかもしれない。

というのも、かつて貴族の奥様は子供を生んでも、胸の形が崩れるからとか、社交に忙しいからとかの理由で、母乳を与えることからお下《しも》の世話にいたるまで、ほとんど乳母にまかせっきりだったからである。また田舎の健康な女性のほうが乳の出もよく、丈夫な子が育つとして乳母に頼った面もある。

ただしここでとりあげるナニーは、むしろ子供が乳離れしたあと特に面倒をみる存在であるが、それだけにナニーが貴族の子弟に与える影響ははかり知れないものがある。イギリスの人気ジャーナリストであるジリー・クーパーが著した『クラース――イギリス人の階級』（サンケイ出版）では、乳母（ナニー）の存在が次のように書かれている。

英国の階級制度を研究すれば、誰でも、一番上と一番下の両階級にはいくつもの類似点があるのに気付くと思う。たとえば、強情、外国人嫌い、世論への無関心、競馬やギャンブルへの情熱、率直な話し方と簡単であまり手を加えない料理が好きなこと、などである。ジョナサン・ガソーン＝ハーディはその著『英国乳母制度の盛衰』の中で、その理由として、このように述べている。つまり、過去二百年間、支配階級では、その子弟の養育はおよそすべて労働者階級出の乳母にまかせ、親としての責任は完全に放棄してきたからだ、と。

（渡部昇一訳）

乳母、ナニーと聞くと、古いところでは『ロミオとジュリエット』の中のあの愉快な乳母や、二〇世紀に入ればメリー・ポピンズあたりが頭に浮かぶだろうが、近年ナニーの存在が特に大きくクローズアップされたのは、ダイアナ妃の元ナニーだったジャネット・アディソンが、あの御成婚の折りの大騒ぎの中で新聞や雑誌等でとりあげられてからである。

ダイアナ妃はどう育てられたか

ロンドン在住のジャーナリスト秋島百合子さんが『週刊朝日』誌上に二回にわたり（一九九一年五月三日・一〇日号、及び五月一七日号）掲載した「現代英国ナニー事情」は、日本ではあまり知られていないイギリスのナニーの現状を、自《みずか》らの経験を通じて報告した貴重なレポートだが（その後このレポートは加筆され、『メリー・ポピンズは生きている』と題して朝日新聞社から出版された）、それに拠ってジャネット・アディソンさんのことを説明すれば次の通りである。

ロンドン北方の片田舎に育ったジャネットさんが初めてナニーとして住みこんだのは、オールソープ卿（現在のスペンサー伯）の屋敷パークハウスで、そのとき彼女は三〇歳代で独身だった。ここで九歳のセーラ、七歳のジェーン、三歳のダイアナ、それに赤ちゃんのチャールズの育児をすべて受け持つのである。

貴族のカントリー・ハウスだから、家はきわめて大きい。

「みんなが遊ぶプレイルームがあるでしょう。それから、チャールズの寝室、ダイアナの寝室、セーラとジェーンの共同の寝室、バスルーム、小さなキッチン。私の部屋は、チャールズとダイアナの部屋のあいだにありました」。

ナニーによって管理される貴族の子供たちの生活は、きわめて規則正しいものである。朝は七時半に始まり、朝食はナニーがつくる。アディソンさんの言葉を再び引こう。

「朝ごはんは私が作りました。シリアル（オートミールやコーンフレークの類）とか卵料理、ビーンズ・オン・トースト（缶詰の豆をのせた、子どもの好きなトースト）などね。八時ごろから、チャールズにミルクを飲ませて、ほかの子どもたちが遊んでいるのを監視します。おとうさまもときどきいらっしゃって、ダイアナを農場のほうへ連れ出したりなさいました。チャールズはまた寝るので、雨でないかぎり、天気に関係なく、外に乳母車を置いて寝かせます。お昼は、肉料理など、一日で一番たっぷりした食事ですから、調理室でコックが作ったものが運ばれてきました。二時半ごろからダイアナはお昼寝、また遊んでいると、もうティー（お茶の時間というより、子どもの軽食で、これが夕食になる）のころになるでしょう。いり卵かビーンズをのせたトーストと、ケーキかビスケットをいただきました」。

なんとも規則正しい生活である。実際、アディソンさんがほかのところでも述べているように、規則正しい生活を守らせ、子供にきちんとしゃべらせること、それに行儀振る舞いを厳しくしつけること、この三つがナニーに課せられた役目であって、その意味では立派な貴族をつくる育児のプロがナニーなのである（それにしても食事がワンパターンなのはいかにもイギリス的である。しかしだからこそ彼らは我慢強いのだろう）。

このように見てくると、ナニーとして十分な力を発揮するためには、ある程度の経験と年齢が必要に思われるのだが、近頃では若いナニーが抜擢されることもあるらしい。

というのも、エリザベス女王の二男坊ヨーク公（アンドルー王子。前にも述べた通り、結婚前はその遊び好きでマスコミを大いに騒がせた人物である）と夫人のセーラ妃の第一子であるビアトリス王女のナニーに選ばれたのが、なんと二〇歳という若さのアリスン・ウォードリー嬢だったからだ。プリンセス・クリスチャン・コレッジという名門の保母《ナニー》養成学校を首席で卒業したとはいえ、なかなかに大胆なことである。

さて使用人については随分ページをさいたので、再び貴族そのものの生活に戻ることにしよう。

ありあまる時間をつぶす方法

かつては一年のうちの三分の二は、田舎の領地に本拠を構えて暮らした貴族たちにとって、そのありあまる時間をいかにして使うかは、重要なテーマだった。二〇世紀イギリスの小説家イヴリン・ウォーの代表作『一握の塵』（杉恵氏の引用文にあった『ア・ハンドフル・オヴ・ダスト』である）を映画化したものが数年前に公開されたが、それを見ても、広大なカントリー・ハウスで暮らす若妻が、ともかくあまりの退屈さに耐えかねて、若い恋人ができたのを契機にロンドンにアパートを借りてほとんどそちらで生活をする場面が、なるほどさもありなんというタッチで描かれていた。なにしろ田舎暮らしは刺激がないのである。

黄金期の貴族ならばまず普通は働くこともないし、領地の管理にしたところで使用人まかせである。子供はナニーが見てくれるから、これもあまり手間はかからない。生きていくために不可欠の食事にしても中世の貴族のように食べてばかり、飲んでばかりというわけにはいかない。ティーの時間を含めて一日に四回食事をとるだけだから、暇はやたらとあるわけだ。そんなこともあってか、ディナーにはたっぷり時間をかける（といっても二時間ほど）が、やはり一日は長いのである。

そこでパーティーが頻繁におこなわれることになる。前に述べた中世の貴族の大宴会のように、数百人を招待してなどということはないにしても、本格的なパーティーとなれば数十人のお客は集まるものである。しかもパーティーはウィークエンドにおこなわれるのが普通で、カントリー・ハウスは交通の不便な場所にあったから、招待客はそのまま一泊するケースが多い（中には一週間続けてパーティーをおこなうケースもあったという）。

パーティー

ウェストミンスター公の豪邸であるチェシャーのイートン・ホールなどは、六〇人の客とその従者、メイド、運転手が泊まれるだけの部屋があったというが、これほどでなくてもスペースの余裕はたっぷりあるものだ。

パーティーそのものは、華やかな服装と特別に用意された料理のもとで賑やかにおこなわれるが、そのための準備は並大抵の苦労ではない。もちろん数多い使用人が執事の指示のもと実際の準備にあたるわけだが、ホステス役の奥様は万事うまく手はずが整っているか、食卓のセッティングもさることながら、客用の寝室がきちんと清掃されているかなど、大いに気になるところである。

とはいうもののそうした気苦労が、田舎の生活の単調さを救ってくれる面もあって、パーティーがなかったら気が狂ってしまうとおっしゃる方もいる。招待客のリスト作成、招待状の発送、ディナーのメニューのチェック、宿泊用の部屋の点検、自らの衣裳選び、当日の席の組み合わせ、誰と誰とを引きあわせるか、食事のあいまにどんなゲームをして楽しむか、こうしたことを考えていれば、二日や三日はあっという間に過ぎてしまう。

貴族によってはパーティーに招待した客の便宜をはかるために、わざわざロンドンから特別列車を仕立てることもあったようで、ボーフォート公爵家では、鉄道会社に自分の領地内を通る路線を敷く許可を与える代償として、専用の停車場をつくらせたという。もちろんこの駅は御当主がお出かけになるときと、パーティー招待客用にしか使われることはないのだから、なんともぜいたくな話である。

今日では何十人もの客を集めてのパーティーというのはさすがにだいぶ減って、代わりに数人の人を呼ぶ小規模なものが普通となっているが、それでもパーティーが田舎暮らしの一つの楽しみであることには変わりない。

週末のパーティーを除くと、貴族の日課の中心部分を占めるのは狩猟だが、これについてはまた後で述べることにしよう。

ロンドンへの憧れ

イギリスの四月から七月末あたりまでは、まことに気もちのいい季節である。長く暗い冬が終わり、花がいっせいに開いて、肌にあたる風が心地よく感じられる季節。

きみを夏の日にたとえようか。
いやきみは、もっとやさしくおだやかだ。

シェイクスピアの『ソネット集』中もっとも有名な一八番のこの書き出しも、イギリスの夏であればこそよくわかる。日本の、まして京都あたりのあぶら照りをイメージされては、恋人の姿も興ざめとなる。

さてこの四月から七月頃は、カントリー・ハウスにひきこもっていた貴族たちが、ロンドンへ大挙してやってくる季節でもある。この季節を称して「シーズン」。ロンドンの社交界はこの時期にいっせいに花を開かせる。華麗な舞踏会が夜毎おこなわれ、ファッション・ショーには多くの人間が集まった。ロイヤル・アスコット競馬、ヘンリー・レガッタ、ウィンブルドンのテニスなどがおこなわれるのもこの時期である。

上流階級の風俗習慣は下々へ伝わるのが世の慣《なら》いだから、一九世紀後半ともなると、ロンドンのシーズンにはあまり似合っているとはいえないフロックコートとシルクハットを身につけた人々が目立ち始める。そうした連中の姿を、生粋《きっすい》の上流階級は苦々しげなまなざしで見つめたものだが、時の勢いはいかんともしがたいのである。

カントリー・ハウスを本拠としていた貴族たちは、ロンドンのシーズンを過すためにタウン・ハウスを建てた。「シーズン」という言葉が、先にあげた意味で定着し始めるのが一八世紀初頭のことだが、この頃には数ヵ月におよぶロンドン滞在のために、貴族たちは豪華なタウン・ハウスを構えるのである。

こうした貴族のロンドン用邸宅が数多く建てられた地域は、ウエスト・エンドと呼ばれる一帯である。具体的に言えば、チャリング・クロスとリージェント・ストリートから西へ広がる地域で、現在でも高級住宅街、あるいは高級品を扱う商店が軒を並べるところとして有名である。

ここには、たとえばピカデリーのデヴォンシャー邸やバーリントン邸、あるいはのちに大英博物館となるモンタギュー邸など、貴顕の大邸宅が建ち並び、シーズンともなると華美な衣裳を身にまとった上流の人士が通りを埋めつくした。

タウン・ハウスという言葉は、現在では新興住宅街に並ぶ小ぢんまりとした庶民用住宅を指すが、一八世紀から一九世紀における貴族の邸宅としてのタウン・ハウスは、むしろ宮殿ともいうべき豪華な建物だった。たとえば、一九世紀初頭にバッキンガム宮殿へと変容して今日にいたる建物は、もともとバッキンガム公爵のタウン・ハウスだったのだと言えば、そ

宏壮なタウン・ハウス

の威容も想像がつくのではあるまいか。あるいは、没落した貴族が手放したタウン・ハウスが、そのままホテルとして使われているという事実をあげればおわかりいただけるだろうか。

いずれにしても、田舎暮らしが基本であった貴族も、時代の経過とともにロンドンのもつ様々な魅力に抗し得ず、タウン・ハウスを足場として政治活動や社交にいそしむことが多くなっていく。

なにしろ首都では、田舎にないありとあらゆる楽しみが待ちうけているのであり、できるだけ長くロンドンにとどまりたいという気持ちはおさえ難いのである。そしてこの思いは、領地経営に若干の心を砕かなければならない御当主様よりも、奥方や若い息子、娘たちに特に強かったのである。

第三章

貴族の教育

貴族の書斎

子供の数は多い

近頃の統計によれば、先進国の出生率はますます低下して、そのため家族構成は小さくなる一方だそうである。イギリスでもこの傾向ははっきり見られ、特に不景気や失業率の上昇が影響して子供の数は減少した。そして基本的には社会階層が上がれば上がるほど、家族構成が小さくなるという。ただし貴族社会だけは例外らしく、生まれる子供の数は決して少なくならない。

「性交不能と男色は社会的に許されるが、産児制限はきわだって中流階級的悪業である」という言葉がイヴリン・ウォーの著作中にあるそうだが、貴族の頭には避妊という文字は存在していないらしい。

というわけで、貴族の家には概して子供の数が多いものだが（あるいは種は同じでも苗床の違うケースが多々あって、そのため御当主の死後、どこからか御落胤《ごらくいん》が現れてもめることがある）、同じ子供でも長男とそれ以外とでは、目と手のかけられ方が違うのであって、跡取り息子は何かと大事にされる。ただし、血縁結婚がしばしば見られる貴族のことだから、この跡取りに時としてとんでもないのが現れ、奇行、愚行ただならぬというケースも多くあった。

たとえば、一八世紀の国王ジョージ三世の息子（のちのジョージ四世）は、きわめて金づかいが荒く、三週間にチョッキを二〇着も新調するありさまだった。おかげで父ジョージ三世は狂気に陥ったという。

それはともかく、跡を継がない二男、三男坊の場合は、貴族全盛の時代はいざ知らず、近代になって中産階級の勢いが増してくると、家の維持の道具に使われることがあった。すなわち、金はあるが家柄のない大商人の娘などと縁組みをおこない、なんとか家計の足しになるよう仕組まれたのである。また娘の場合も同様の手段がとられた。

さてこうした貴族の子弟の教育は、まずナニーによっておこなわれることは、すでに述べた通りである。例のダイアナ妃のナニー、ジャネット・アディソンさんもこう言っている。

「パーティー以外は、私が一日の計画を立てて、規則正しい生活をします。そして遊んだ後のお片付けを自分でやること、そしてお行儀、これがとても大切です。きちんとお話しすることと振る舞い方ですね。私の基準は高いんですよ。おいたをしたときは、お菓子をあげないとか、テレビを見せないとか、自分の部屋に入れてしまうとか、罰を与えます。でも、ぶったりすることはしません」。

この言葉に見られるように、ナニーによるしつけは総じて厳しく、また子供にはきわめて規則正しい生活が要求されるらしい。なにしろベッドに就かせられるのが六時半頃というのである。

プレップ・スクール

ついでに言えば、子供の着る服にも貴族にふさわしいものという限定があるらしく、ジリー・クーパーは次のように述べている。

> ストウクラット家［貴族］のジョージー坊やは裾の長いベビー服にかわって、ピーターパン・カラーの付いたロンパースを着せられるか、半ズボン・スタイルにさせられる。半ズボンは上流階級の子弟たちがいく私立予備校《プレップ・スクール》（パブリック・スクール進学のための小学校で八歳から五年間）の半ばまではかされる。ハイドパークでは寒い日などにときどき、上流階級の少年たちが、半ズボンの下にタイツをはいたりして、男の子か女の子か判らないような珍妙な姿をしているのにぶつかる。

ジリー・クーパーによれば、女の子の場合は、ぴったりのジーンズはのちの出産に差し障りがあるからということではかせてもらえず、またスモックが特に愛用されるとのことだ。日本の幼稚園ではスモックは必需品のようになっていることを思うと、なかなか愉快である。なお引用文中の半ズボンだが、これは日本の子供たちがよくはいている、短くてぴったりしたものではなく、ひざ近くぐらいまでの長さのゆったりした半ズボンを思い浮かべていただきたい。

さて、ナニーの手でしっかりしつけられた子供は、昔であれば専属の家庭教師によって教育がおこなわれることが多かったが、現今では先の文中にあった通り、「プレップ・スクール」に入れられるのが普通である（ただし、プレップ・スクールは八歳からなので、その前に通《かよ》いの私立小学校に三年間通わせる）。

イギリスの学校制度というのはよく言えば多様、悪く言えばてんでんばらばらでなかなか理解しにくいものだが、この「プレップ・スクール」、正式に言えば「プレパラトリー・スクール」なるものも、その実態ははっきりしない。たとえば、『英国を知る辞典』にはこう説明されている。

七歳から一三歳までの子供を対象に、授業料を取って教える私立学校。多くのものは、全寮制であり、男女別学である。男子校には、七歳から一三歳までの男子が在学し、女子校には、七歳から一一歳までの女子が在学する。パブリック・スクールの初等部になっているものもある。プレパラトリー・スクールの生徒の大半は、パブリック・スクール共通入学試験を受けて、パブリック・スクールに進学する。

ごらんのように、プレップ・スクールは七歳から一一歳ないしは一三歳までと書かれている。ところが、イギリスの友人（プレップ・スクールの経験あり）によれば、八歳からだというし、ほかの辞書では六歳から一四歳までと書いているのもある。いやさらにややこしいのは、「プレ・プレップ・スクール」なるものまであって、これは「プレップ・スクール進学を目指す五歳から七歳までの子供を教育する私立学校」と書かれている始末。なんとも始末が悪い。

幼時から寄宿生活

イギリスという国はわれわれ日本人から見ると、制度面においていい加減な（よく言えば柔軟性に富んでいる）点が多いのである。その最たるものが成文憲法をもっていないことだろうが、学校制度に関しても、たとえば一八七〇年の小学教育法によって一応の公教育が発足し、さらに一九四四年教育法で大きな変化がもたらされたものの、基本的には国家による介入、統制が最小限に抑えられているのが特徴である。

要するに歴史と伝統をできるだけ重視し、またイングランドやウェールズなど、地域の事情による相違も認めようというのがその大方針である。特に私立の学校として独自の地位を築いてきたプレップ・スクールやパブリック・スクール、あるいはさらにその上のオックスフォード、ケンブリッジの両大学などでは、この傾向が特に強い。

いずれにしても、「プレ・プレップ」からならば五歳か六歳から、「プレップ」ならば七歳ないし八歳ぐらいから、貴族の子弟は親元を離れて寄宿生活を始めるのである。これは学校によってはプレップ・スクールでの具体的な教育内容はどのようなものなのか。これは学校によって、あるいは時代により若干の違いが見られるが、友人の話によれば大体次のようである。

まず宗教教育。これらの学校は必ずチャペルを備えているから、そこでの礼拝を通してよきクリスチャン、よきジェントルマンになるための教えが説かれる。

次に寮での団体生活を通じて生活指導、しつけがおこなわれ、他人との協調、目上の者への敬意、下の者への愛情などが教えこまれる。

またスポーツが重視され、クリケットやサッカーをおこなうことで身体の鍛練《たんれん》、フェア・プレイ精神の尊重、集団の中での個人の陶冶《とうや》がはかられる。

一方学業の面では、ラテン語、ギリシア語の初歩をたたきこまれ、古典文学や古代史などの一端に触れたり、あるいはシェイクスピアをはじめとする英文学の古典の読解、暗誦などが課せられる。かつては授業の八割が古典語教育にあてられていたが、最近ではパブリック・スクール入学のための資格試験が一三歳のときにおこなわれるため、英語の作文、数学、物理、化学の基礎などにも力が入れられているそうだ。とはいうものの、中心は文系の科目にあることは相変わらずである。

ところでこのプレップ・スクールの様子については、前にもあげたイヴリン・ウォーが、その自伝の中でくわしく述べている。ついでにいうと、この自伝は『ア・リトル・ラーニング』が原題。文字通り訳せば「ささやかなる学識」とでもなるのだろうが、一八世紀の諷刺詩人アレグザンダー・ポープの言葉には「ア・リトル・ラーニング・イズ・ア・デンジェラス・シング」、つまり「生兵法《なまびょうほう》はけがのもと」というのがあって、これを重ねあわせてみるとなかなか意味深長な書名である。なお、これはウォーの自伝の第一巻にあたるものだが、後半生を扱った第二巻以下はウォーの死によって実現しなかった。

ウォーの通ったプレップ・スクール

イヴリン・アーサー・セント・ジョン・ウォーは、一九〇三年にロンドン郊外のハムステッドに生まれた。父は文芸ジャーナリストであるとともに、老舗出版社チャップマン・アンド・ホールの重役をつとめた人物であり、兄のアレックも作家になっている。

イヴリンはオックスフォードに進んで歴史を専攻したが、勉学にはほとんど身を入れず、もっぱら友人とのつきあいにあけくれ、やがて大学を中退、いったんは工芸家の道をめざす。しかし育った環境が影響してか、結局は文筆方面に生きる道を見いだし、すぐれた長篇小説や伝記、旅行記などを出版、先頃亡くなったグレアム・グリーンとともに、二〇世紀イギリスを代表する小説家とまで言われた。

ところで、彼の家系はカントリー・ハウスを根城とした貴族ではないが、それでも一応は上流階級に属するものである。まあ紳士の家の出と言えようか。したがって、ウォーも幼い頃はナニー（ただしこのナニーはウォー家では家族同様に扱われていたらしく、『自伝』の中でも繰り返しこのナニーへのウォーの愛慕の情が語られている）に育てられた。

さて、一九一〇年の九月、つまり七歳になる直前に、ウォーは初めて学校に上がることになる。これが地元ハムステッドにあるヒース・マウント校というプレップ・スクールで、ウォーの言葉によると六〇人の生徒のうち半分が通学生だった。このあたり『自伝』から引こう。

一九一〇年の九月、七歳間近の私は、はじめて学校に上がることになった。私の兄は、三年前からサリーにあるプレップ・スクールに入ってそこで暮らしており、家に帰って来ては、シャワーが水しか出ないだの、むちでぶたれるだの、まずいミルクプディングを食べさせられるだのと報告して、私を不安がらせていた。いずれは兄についてそこへ行くものと、私は思っていたのだ。そうこうするうち、私は地元ハムステッドのヒース・マウントという学校へ通わされることになった。当初は、一学期か二学期の間というつもりだったようだが、結局、よそへ移る気にもならず、私はそこで六年を過ごした。家を離れるのは気が進まなかったし、兄が吹聴していたような経験をするのもいやだったからだ。こうして、私のような少年が普通だったら経験するはずの、家族とまったく離れて暮らすという悲しみを、私は味わわずにすんだ。

ヒース・マウントには六〇人ばかりの少年が学んでいたが、そのうちの半分以上が通学生だった。時々、父母が外国へ旅行する折には、私も二、三週間寄宿舎で生活することがあったが、ふだんは、前にも述べたように、朝夕例の道を通ったものだ。ヒース・マウントはそこそこ伝統のある学校で、一八世紀末以来、さまざまな人間が校長を務めたし、その間には浮き沈みもあった。一九三四年に、その伝統ある名前と栄誉を引き継いだまま、ハートフォードシャーへ移転し、現在もそこで多くの生徒を集めている。ハムステッドの跡地には、アパートが建てられた。

ヒース・マウント校は伝統的な教育をおこなう学校で、斬新《ざんしん》なところはまず見受けられなかったとウォーは述べている。またレヴェルも並で、「よほどの劣等生でなければ、パブリック・スクールの普通入学試験に落ちることはないが、かといって、奨学金を支給されるような優秀な生徒を出したこともなかった」そうだ。

ヒース・マウント校の校長はグランヴィル・グレンフェルという、小説にでも出てきそうな名前である。海軍提督だった父親の影響か、あごひげを刈りこんで詰襟《つめえり》のサージの上下を好んで着ている。またフリーメイソンに入っていて、かなりの地位についている。

こわい先生

一方、教師たちは次のようだ。

ヒース・マウントでの最初の一年は、初年級を受け持つ女性教師に教わった。初年級など、学校の一部とはいえなかった。授業は午前中だけで、一二時半になると、ナニーが私たちを迎えに来たのだ。第二年級以降は、学校に残って午餐を取るようになった。私は初めのうち、受け持ちの男性教師になかなか馴染めず、必要以上に恐れていた。彼らはずいぶんと優しかったのだが、私はそれまで、大声を出されたり、罰を与えるぞと言われたりしたことは一度もなかったのだ。

一日の授業は朝礼から始まる。主への祈りを唱え、必要事項が伝達されて、その後各教室へという運びになる。授業内容は古典語が中心で、それに数学やフランス語、物理、化学の基礎など。体育はここではあまり重視されていなかった。そして土曜日の朝礼では、その週の成績の講評が校長自らによっておこなわれる。

土曜日には、グレンフェル氏は、金曜の午後の職員会議の結果を書き込んだ帳面をかかえて現れる。まずは、褒める生徒の名を読み上げる。「ゲーガン弟、ラテン語三点加点。ゲーガンの弟はどこだ。教えてくれたまえ。ああ。よくやった、ゲーガン……。マッケンジー、数学とそれからフランス語で五点加点。その調子で頑張りたまえ、マッケンジー。私はたいへん満足だ」。

と、突然口調ががらりと変わる。「さてと、反対の方だ。これは何だ、これは、フレッチャー。フレッチャーは怠けていた。前に出なさい、フレッチャー」。グレンフェル氏は、髪の毛を逆立てんばかりにフレッチャーをにらみつける。フレッチャーは縮み上がる。「どういうことだ。遊んでいたのか。よおく話しあわなきゃならんようだな。ええ。君はここに遊びに来ているわけじゃないんだ。私は君が勉強するのを見たいのだ。もし今度怠けたら、フレッチャー」――ここでグレンフェル氏はこぶしを演壇に叩きつけ、物凄い勢いで怒鳴り付ける――「恐ろしい目に合わせてやるからそう思え」。そして、後ろに固まっている補助教員たちの方に向き直って、こう言うのだ。「諸君、フレッチャーから目を離してはならんぞ。もしまた何かあったら、私のところへよこしなさい。その時はやつも自分がどんな目に合うかわかるだろうて」。

今にして思えば、グレンフェル氏の怒りが見せかけのものだったということはわかる。だがそれでもあれは恐ろしかった。愛想のよいところから豹変するのだから、なおさらだ。私はそんな目に合うことはほとんどなかった。実際、一度だけだったと思う。それも、あまり手ひどくはなかった。というのも、前にも言った通り、私は彼のお気に入りだったからだ。そうはいっても、土曜日の朝はいつも不安だった。「先週の火曜日の練習問題は、相当いいかげんにやっちゃったな。ずいぶん前のことのように思えるけど。でも、先生は覚えてて、悪い記録がつけられてるんじゃないだろうか。あの閻魔帳に名前が載せられてるんじゃないだろうか」と。

以上がウォーの通ったプレップ・スクール、ヒース・マウント校の日常の一コマである。もちろん学校によっていろいろ差はあるだろうし、最初にも述べられていたように、ウォーの兄が寄宿していたプレップ・スクールではこれよりもずっと厳しい光景が見られていたに違いない。

しかしながら、基本的な部分ではプレップ・スクールはその上のパブリック・スクールとよく似通っていると言える。そこで次には、貴族の子弟が通う名門パブリック・スクールの一端をのぞいてみることにしよう。

パブリック・スクール

貴族の子弟は、一一歳あるいは一三歳になるとパブリック・スクール（パブリック・スクールというのは通称で、正式にはインディペンデント・スクールというのだそうだ）へ進学するのが普通である。私立でありながら（ただしイングランドとウェールズが私立で、スコットランドは公立)「パブリック」と呼ばれるのは、もともと学生がイングランド各地から集まってきたためで、その意味では公《おおや》けに開かれた学校なのだが、パブリック・スクールの中でも名門と言われる学校は、その生徒のほとんどが名家の子弟である。

イングランドにはローディーンとかチェルテナム・レディーズ・コレッジ(カレッジではなくコレッジと発音するのがイギリスの上流風)という女子のパブリック・スクールもあるが、なんといっても古い伝統と格式を誇るのは男子校である(なおイギリスには男子、女子、共学あわせて五五〇校あまりのパブリック・スクールがある)。

その男子パブリック・スクール中の最上位に位置するのはイートン(一四四〇年設立)、ハロウ(一五七二年)、ラグビー(一五六七年)、ウェストミンスター(一三三九年)、ウィンチェスター(一三八二年)の五校で、イギリスの政界、官界の指導者には昔からこれらの学校の出身者がキラ星のごとく並んでいる(ちなみに前記ウォーはランシングというパブリック・スクールへ進んだが、これもなかなかのもの)。

なにしろ名門貴族の家では男の子が生まれた途端、イートン校の入学手続きと、名門クラブの入会手続きとをすぐにおこなうと言われているぐらいで、卒業生、在学生は圧倒的に上流階級のエスタブリッシュメントである。

具体的に言うと、一九四〇年には、㈠上級公務員の八四・五%、㈡すべての大使の七三・五%、㈢高裁の裁判官の八〇%、㈣主教の七〇・八%、㈤銀行の支店長の六八・二%がパブリック・スクール出身者であり、一九七〇年にはこの数字が、㈠六一・七%、㈡八二・五%、㈢八〇・二%、㈣六七・四%、㈤七九・九%となっている。

こうしたパブリック・スクールの多くは、プレップ同様全寮制男子校で、生徒たちはオックスブリッジ（オックスフォードとケンブリッジ）のコレッジに似たハウスの中で、ハウス・マスターの監督のもと、五〇人ぐらいの共同生活を送るのである。

人格と指導力

パブリック・スクールの教育の基本は、人格の陶冶と将来よき指導者となるための資質を磨くことにある。したがって、チャペルでの礼拝を通じて宗教教育がおこなわれ、集団生活を通じて忍耐力と指導力、自立心が培《つちか》われ、スポーツを通じて克己心とフェア・プレイの精神が育てられるのだが、これに比べて学業のほうはあまり重視されなかったようだ。

もちろん、古典語（ラテン語、ギリシア語、そして時にはヘブライ語も）教育が厳しかったことは事実だが、一方、数学や理科といったいわゆる実用的な学問は概して軽視されたし、フランス語、ドイツ語なども重きを置かれたとは言えない。

ただし近頃では、オックスブリッジへの進学もなかなかむずかしくなり、かつてのように名前だけで入れるような自由が利かなくなったために、数学や物理、化学などにも力が入れられているという。

ところが、『パブリック・スクール現象』なる本を書いたジョナサン・ガソーン＝ハーディによると、イギリスの貴族はもともと生活のために働かなくてもよい階級だから、伝統的に知育を軽視する傾向があるというのである。そういえば『英国紳士』（秀文インターナショナル）の著者にして自身も貴族であるダグラス・サザランドも、「イングランドの紳士は、成績がクラスの中で中位以上に上がるような子供には、最大限、疑いの目を向けている」と述べていた。

したがって、午前中は相変わらず古典語を中心とした教育に時間がさかれるものの、午後ともなるとスポーツに熱中するわけで、一九世紀のパブリック・スクールでは、週に二〇時間クリケットやサッカーがおこなわれていたという。ただし、上流階級は「スポーツ」という言葉を俗っぽい言葉だと決めつけていて、そのためイートン校では運動会をわざわざ「六月四日祭」と呼ぶそうである。

学業成績の方は

ところでパブリック・スクールでの貴族の学業成績となると、一〇年ほど前にイギリスの新聞が報じた王室の御子息の成績が参考になる。

イギリスの大学に入学するには、普通教育修了試験（GCE）の成績が一つの決め手になるのだが（ただしこれは一九八七年まで、一九八八年からは新しい試験GCSEが導入された）、このGCE試験には「普通レヴェル」（「O」レヴェル）と「上級レヴェル」（「A」レヴェル）があり、大学入学には最低でもAレヴェルが二科目、実際には三科目が要求されることになっている。しかもAレヴェルの中身が五段階に分かれ、名門のオックスブリッジにはその上位三段階までてなければ入れないとされる。

これだけ聞くとずいぶん厳しいようだが、実際の試験内容は日本の入試問題の比ではなく、英語ができさえすれば日本の優秀な高校生は確実に入れるぐらいのものである。実際、いわゆる帰国子女でこの試験でAレヴェルを三科目とったというのはかなりいる。

さてイギリスの王室である。エリザベス女王の末っ子エドワード王子の成績が新聞に発表されたのだが（イギリスの王室はこういうものをきちんと発表するのである）、それによればまれにみる好成績だそうで、Aレヴェルが三科目（英文学、歴史学、政治経済）、Oレヴェルが九科目、特に歴史学は「Sレヴェル」というきわめて優秀なものだった。

さらに上の三人、つまりチャールズ皇太子、アン王女、アンドルー王子の成績も参考として載せられているのだが、それによれば、チャールズはAが二つでOが五つ、アンはAが二つでOが六つ、アンドルーがA三つ、O六つとなっている。

なるほどエドワードは兄姉に比べて成績がいいようだが、細かくみていくとそれほど大したものではないらしい。Aレヴェルの三科目とて、五段階評価の上から三番目、四番目で、名門ケンブリッジ志望者の成績としては平均より若干下位というのが正しい評価らしい。

それにしても「王室はじまって以来の頭の良さ」などという報道がされた裏には、王室の御子息たちが概してあまりいい成績をとっていないという事情があるわけで、ついでといってはなんだがダイアナ妃はOレヴェルすらゼロだった。

貴族といっても多様だから、中には学業にすぐれた人物もいるだろうが、全体としてはやはりこちら方面にはあまり御用がないらしく、チャーチルだってパブリック・スクールの成績はかなり悲惨だったという。

ただし改めて誤解のないよう言い添えれば、近年のパブリック・スクールの学業の力はかなり高くなっており、杉恵惇宏氏の報告によると(『英日文化』第四一号)、次の通りである。

一九八八年の校長会議の調査によると、国がおこなうGCSEの試験で、五段階評価のAの数は、私立のサンプル七〇校で五%増えたのにたいして、公立は二%である。私立のABCの数が四%増で、公立の二倍である。ハロウ校では一〇人のうち七人が大学に進学し、オックスブリッジ入学者は約二〇%となる。ウィンチェスター校は毎年四、五〇人がオックスブリッジに、他の大学にさらに四、五〇人が進学する。

スポーツと人格形成と

パブリック・スクールの教育においてスポーツとともに重要な柱となっているのは、寮生活を通しての人格形成だと言われる。

一九世紀イギリスの文学者マシュー・アーノルドの父であるトマス・アーノルドは、一八二八年から一八四二年までラグビー校の校長を務めた人物だが、彼はこの間ラグビー校の改革を通じて、イギリスのパブリック・スクール制度を革新したと言われている。その改革の趣旨は、従来のような古典語偏重型の教育から数学や近代語の教育にも力を入れたことと、宗教、道徳を重視して全人教育をおこなったことだが、後者の基盤をなしたのが寮（ハウス）での生活であった。

この寮生活は厳しい上下関係から成り立っている。ハウス・マスターと言われる指導教官はきわめて厳格で、規則に違反した生徒は容赦なく罰せられる。鞭で打たれることもあった。僕の友人などは、今でもこのハウス・マスターが夢に出てきて、うなされることがあると言っていたものだ。

しかしハウス・マスター以上におそろしいのは、上級生である。五〇人ぐらいの生徒が同じ寮に入り、上は一八歳から下は一三歳となれば、新入生にとって最上級の生徒はほとんど雲の上の存在である。下級生は上級生にひたすら仕え、靴磨きなどもやらなければならない。それでなくとも血気盛んな年頃の子供たちが集まっているのだから、ケンカや暴力沙汰は頻繁におこるが、上級生にたてでもつこうものなら、「下級生しごき」がおこなわれることを覚悟しなければならない。

トマス・ヒューズが書いた『トム・ブラウンの学校生活』（新月社。ただし現在は絶版で、そもそもこの出版社そのものが存在しない）という本は、一九世紀半ばのパブリック・スクールの生活を生き生きと伝えるものだが、その中で主人公トムが在籍したラグビー校の様子が次のように描かれている。

六級生の連中はまだ姿を見せなかった。それで、それまでの場ふさぎに、古い由緒のある、おもしろい行事がおこなわれた。それは、新入生が一人残らず、順次にテーブルの上に立たせられて、独唱をやらされ、もしそれを断ったり、泣き出したりすると、罰として塩水の入った大ジョッキを飲まされるのだった。（前川俊一訳。ただし字句を若干直した）

『トム・ブラウンの学校生活』は全体としてラグビー校を理想化して描いているために、あまりひどい下級生へのしごきは作品中にうかがうことはできないが、それでも弱い者いじめがそこかしこで見られた点への言及がある。

上級生の雑用

また、上級生のために下級生がそれこそ召使いのごとく働くのは当然とみなされ、そうした雑用をおこなうことを「ファグ」(fag) という英語で表現する（上級生の雑用をする下級生も同じく「ファグ」と呼ばれる）。再び『トム・ブラウンの学校生活』を引けば、次のようだ。

寮でのファグの連中の主な仕事は次の通り。夕飯から午後九時まで、その番に当った三人のファグどもが、廊下に立っていて、室長の誰かが「ファグ」と呼ぶのに答えて、その戸口まで駆けつける。そして一番遅れたものが用事をしなければならないのである。用事の内容は、普通には、食料室までビールや、パンや、チーズを取りに行ったり（お偉い方々は、外の連中と夕飯をともにせず、各自が自分の勉強室か五級生室で、支給の食事をとるのである）、燭台を掃除して新しいろうそくを差したり、チーズを焙ったり、ビールを詰めたり、寮関係の伝言を伝達したりすることであった。

ちなみに「ファグ」という言葉、同性愛者をも意味するとなれば、パブリック・スクールがこのきわめてイギリス的な悪徳の温床だったというのも、なるほどうなずける話ではある。

パブリック・スクールについては他にも語るべきことはいろいろあるが、すでに『イギリス紳士のユーモア』でも触れたことがあるので、重複は避けておこう。

ただしこの項を閉じるにあたって若干触れておきたいのは、例のイヴリン・ウォーの小説『大転落』(岩波文庫)である。これはウォーの最初の小説で、ポール・ペニーフェザーなる「軽い」(フェザーは鳥の羽の意)名前の主人公のパブリック・スクールにおける教師経験を主として描いたユーモア小説だが、そこに見られるパブリック・スクールの姿は、『トム・ブラウンの学校生活』とは正反対の、なんともバカバカしい世界である。まともな授業などおこなわれていないに等しい。たとえばこんな調子。

その日の午後、ポールは談話室の暖炉の前でティーの合図の鐘の音を待ちながら、ともかくこの一週間は予想したほどひどくなかったと思い返していた。ベスト＝チェトウィンドの言葉のとおりで、クラスとの関係は大変良好だった。第一日目が終ったところで、双方の間に了解が成立したのである。ポールが本を読みたいか、手紙を書きたいときには、生徒は邪魔をしない、ただしその間、ポールは生徒が好きに時間を使うのを許すこと。ポールが勉強の話を始めたら、生徒は静粛にすること。ポールが課題を出したら、そのうちのいくらかをやること——といった暗黙の了解ができたのである。ずっと雨が続いたので外でゲームをやる機会はなかった。罰を課さないから仕返しもなく、奮闘することもなく、夜になれば、性の心理学の論文の補足資料から借りてきたような破

廉恥に赤く染まったグライムズの告白を聞かされてばかりいた。（富山太佳夫訳）

あとはこの抱腹絶倒の小説をお読み下さい。特にパブリック・スクールの運動会の光景は、滑稽きわまるものです。

さて次はいよいよ大学となるが、これは当然ながらオックスフォードとケンブリッジでなければならない。

オックスブリッジ

現在イギリスには五〇近くの大学があり、そこで学ぶ学生の数も三〇万を超えたと言われるが、これは同年齢層の二〇％程度にあたるわけだから、日本の大学進学率よりも低いのである。

これら五〇の大学の中には、一九世紀末から二〇世紀にかけてできた通称「赤レンガ大学」（赤レンガが建築材として使われた）と呼ばれるものや、一九六〇年代につくられた「板ガラス大学」なども含まれるが、なんといってもこの国を代表する大学はオックスブリッジであろう。

両大学とも一二、三世紀に設立されたという長い歴史、伝統を有し、多くの指導者を輩出してきた。したがって、貴族の子弟も大学へ進むとなれば当然この二つの大学を目指すのであって、たとえばオックスフォードのクライスト・チャーチ・コレッジ（一五四六年創設。通称「ザ・ハウス」）などは、貴族の屋敷そのものと言われている。

イギリスには「桂冠詩人」と呼ばれる称号があって（この点は後述する）、王室の文官としてこの職に終身任命された詩人は、当代切っての文人と認められるわけだが、一九七二年にC・デイ＝ルイス（若手俳優として今人気のあのデイ＝ルイスの父）の後を襲って桂冠詩人となったサー（この称号も与えられる）・ジョン・ベッチマンは、クライスト・チャーチの思い出をこう綴っている。

クライスト・チャーチ学寮《カレッジ》の学生たちは、上院議員になる途中、オックスフォードにちょっと立ち寄ったといった印象を与えていた……彼らはキツネ狩り、釣り、狩猟をしたが、フットボールや、ホッケー、あるいはクリケットにすら興じたということは耳にしたこともない。まあ、クリケットなら、オックスフォードからドライブにほどよい距離にある貴族の大邸宅のグランドで行われてはいた。そして、ザ・ハウスの学生たちは村のチームの補強のため駆り出されることもあったものだが。（ジリー・クーパー『クラース』）

もちろん最近では、オックスブリッジも民主化の波に洗われて、中流以下の子弟もだいぶ入学してくるが、クライスト・チャーチのようなコレッジは依然として貴族的だし、概して古い時代に創設されたコレッジほど階級の壁は高いらしい。

しかも同じコレッジに所属していても、交友関係はかなり限定されることが多く、パブリック・スクールを出た上流の子弟は、できるだけ自分と同じ階級の人間と交わることを好むという。そうでないと話が合わないのである。ちなみに若干古い統計だが、一九五九年の総選挙で選ばれた下院議員六三〇名のうち、オックスフォード出身は二六二名、ケンブリッジは六九名にのぼるという。

ところでオックスブリッジでの教育は、このコレッジを本拠として、教師一人対学生一人ないし数名でおこなわれる個人指導（オックスフォードではテュートリアル、ケンブリッジではスーパーヴィジョンと呼ぶ）が中心をなしている。普通の講義もおこなわれているが、こちらは出席が強制されないのに対し、個人指導は週一回、あるいは週二回のペースで厳格に進められる。

その内容は、もちろん専門によって相違はあるが、基本的にはあるテーマをいかに論理立てて検討するか、そしてその研究成果をどのように表現するかの訓練にあてられる。ついでに言えば、日本の大学にある一般教育なる課程はなく（日本でもそろそろなくなりそうだが）、学部三年間はもっぱら専門教育に向けられている。

貴族の読書

このような点からみると、オックスブリッジでの教育は相当にハードで、学問水準もきわめて高いことが予想できる。事実、多くの学生たちは年間を通して正味二〇週間程度の学期中、特に個人指導にあわせてかなりの勉強を強いられるようで、ケンブリッジの英文科を出たイギリス人の友人は、学部時代の思い出は、ただひたすら勉強にうちこんだことぐらいだと恐ろしいことを言っていた。そして厳格な指導教官の顔は、今でも夢の中に出てくるそうである。

とはいうものの、人間千差万別なのは古今東西変わらぬようで、すべてのオックソニアン（オックスフォードの学生）が額に汗して勉強に必死なわけではない。中でも上流階級、貴族の家では、伝統的に学業、教育を軽視する嫌いがあるようで、イギリスの人気作家ジェフリー・アーチャーの『チェルシー・テラスへの道』（新潮文庫）にも、ロンドン大学で勉強する女性に対して「レディは読み書き算術のほかに、使用人の扱いと、クリケットを観戦するときの忍耐心さえ身につければ充分です」という貴族の奥方が登場する。

そういえば、貴族様の読書というのはきわめて限定されたもので、極端なケースになると、読むものは『貴族年鑑』と『タイムズ紙』の社交欄だけ、そしてひたすら家系の詮索《せんさく》ばかりしているという話を聞いたことがある。おまけに、貴族の邸の書斎に並ぶ革表紙天金入りの豪華本、あれは単なる飾りに過ぎず、それが証拠にページは一度も開かれた形跡がなく、ひどいのになると、装幀だけで中は木箱というのが多いのだそうだ。

こうした事情だから、かりにオックスブリッジへ入学しても、二年在籍しただけで卒業を認められた貴族だとか（エリザベス女王の子供でケンブリッジをちゃんと卒業したのはチャールズだけである）、成績不良に不品行が重なって放校処分になるケースもままあるらしい。いやそもそも、大学に行くことを必ずしも重要だと考えない家では、パブリック・スクール卒業後はサンドハーストの通称で知られる陸軍士官学校へ入学し、光栄ある女王陸下の軍隊を目指すものも多かったのである（チャーチルもその一人）。そして貴族のお嬢様の場合には、結婚という道があった。ジリー・クーパーは次のような愉快なエピソードを紹介している。

もちろん、上流階級の慣習にはロングフォード伯爵のパケナム家のような例外もある。同家では家族はすべて最優等の学位をとることが期待されていたが、同家の令嬢レディ・アントニア・フレーザー（伝記作家として有名）が、父のロングフォード伯爵に第二級の学位しかとれなかった、と恐るべきニュースを告げたとき、長い沈黙の後、ロングフォード伯爵は慈愛をこめてこう言った。「なあに、心配するには、及ばん。結婚してくれたらいいんだよ。」

しかし勉強はともかくとして、大学時代の交友関係と、スポーツで養われた丈夫な身体は、卒業後の生活にとって大きな資本となることは間違いない。

第四章

ノブレス・オブリージュ

貴族による接見

働かざる者

フランスの文学者イポリット・テーヌは、特異な『イギリス文学史』を著したことで知られるが、そのテーヌが一八五〇年代にイギリスを旅行したとき、急進派の大工業家と話をする機会に恵まれた。

この頃のイギリスは、一八三二年の第一次選挙法改正に始まったブルジョワの政治への進出が顕著なものとなり、また一八四六年の穀物法撤廃によって、産業資本家たちの力が地主階級を脅かしていた時期である。

したがって、急進主義を唱える人物の言葉もかなり過激なものが予想されたのだが、あにはからんやその言は、きわめて体制的とも思えるものだった。

われわれのめざすところは、貴族支配の打倒ではありません。こののちも、政府と国家の要職は貴族たちの手に委ねるつもりです。国家の仕事を遂行するためには、何代にもわたってその種の仕事を続けてきた人間、そして大所高所からの判断をもって行動できる地位にある人間、つまりそうした特別な人間が必要だと思うからです。

貴族は「特別な人間」であるという考え方は、この時代のみにとどまらず、今でも抜き難くあるようだ。いや昔から変わらずあったと言ってもいい。

昨今の苦しい状況はともかくとして、莫大《ばくだい》な財産に恵まれた貴族は、生活になんら不自由はないし、額に汗して働く必要もなかった。だから基本的には生活の資を稼《かせ》がねばならない理由はないのであって、ある意味では金と無縁だったと言えるかもしれないのである。

ここでふと思い出すのは、イギリスのさる貴族のお坊ちゃまの言葉だ。近頃では買物でも現金によって払うのではなく、小切手やクレジット・カードが大いに幅を利かせている。クレジット・カードの場合、普通のカードの上にゴールド・カードがあり、さらにごく限られた金持ちだけが持てるプラチナ・カードがあるが、かの坊ちゃまによれば貴族にはこんなものは不要で、名前と顔がその代用をするというのである。

もっとすごい話もある。ある貴族、生まれてこのかた、お金というものを一度も見たことがなく、紙幣の種類もコインの区別もまったくわからないというのだが、これはいささかまゆつばくさい話だ。

しかしこの話の真偽のほどはともかく、こうしたエピソードが流布するくらいに、貴族というのは金を稼ぐこととつながりがきわめて薄い存在なのである（だったと言いかえようか）。彼らが所有する広大な領地を借地農に貸し出し、その地代によって莫大な収入を得るというのが伝統的貴族の生計法だった。

では、この地代収入はどのくらいの額なのか、たとえば一九世紀半ばでは、一エーカーあたり一ポンドが普通だから、五万エーカーの土地をもっていれば、これだけで年収五万ポンドとなる。当時の労働者の平均年収が一〇〇ポンドに満たない額だったことを考えると、貴族の収入がいかに大きかったかがよくわかるだろう。まさに「特別な人間」なのである。

金儲けとは無縁

主に土地のあがりによって暮らしている貴族は、金儲けや商売を軽蔑する傾向があった。何度も引き合いに出して恐縮だが、イヴリン・ウォーはこう言っている。

ぜいたくな暮らしと閑暇とを当然の掟《おきて》として容認することが、貴族たるものの資質や功績の前提条件になっている。ビジネスの世界に入り、それにしがみついて成功するような貴族は、サニングデール（ロンドン南郊にある金持ち階級の住宅地区）に住めば、たちまち隣近所と区別がつかなくなってしまう。貴族が商売で金を儲《もう》けることができないとは言えないが、もし金儲けすれば、中流階級になりさがると断言できる。（ジリー・クーパー『クラース』）

とはいうものの、ジリー・クーパーも指摘しているように、もとはと言えば、商売や貿易によって富を蓄えて貴族になったものも多いのだから、あまり偉そうなことは言えないのだが。

　こうした金銭に対する軽蔑は、貴族の子弟の職業選択にも反映されることになる。長男の場合は跡取りだからこれは別として、二男、三男となると、自らの手で生計を立てる必要が出てくる。その際に、たとえば株式仲買人とか保険業、銀行業などは避けられる傾向が強かった（過去形で述べたのは、近頃の財政事情ではそうも言っていられなくなったからである）。やはり金銭とのつながりが強く感じられるからだろう。

　また知的専門職となると、頭と忍耐力が足りなくてどうにもならないというケースが多い（前章で述べた学業不振を参考にしていただきたい）。資格取得のために何年も勉強しなければならない弁護士や医者というのは、貴族には縁遠い職業なのである。

　さらに近代科学、特に実用的な分野となると、伝統的にこれを毛嫌いする傾向がある。テクノロジーというのは、伝統的生活に固執する貴族とは相容れないものなのである。

　というわけで、貴族にとって望ましい職業となると、かなり限定された範囲から選ばなくてはならない。

　まず第一は聖職者である。これは貴族の二男、三男たちが伝統的に選んできた（あるいは選ばされてきた）もので、収入は大したことはないが（収入は初めから度外視されてきた）、神に仕える職業として貴族にはふさわしいものとされてきた。田舎の教区の司祭などに、名門の坊ちゃまがなっているケースは多々見られるのである。

　第二は教師である。幸いにして知性、忍耐力に恵まれ、オックスフォード、ケンブリッジの学者になったなどという貴族の子弟もいないではないが、概して多いのはパブリック・スクールやプレップ・スクールの教師、あるいは校長になる例（前章で触れたエドワード王子は、ニュージーランドの私立学校の交換教師になった）である。またダイアナ妃のように、幼稚園の保母さんをしている貴族の御令嬢もいる。これもまた金とはあまり縁がないが、貴族にふさわしい職業とみなされているわけだ。

このほか、家に代々伝わる美術品の収集を生かして、美術関係の職業（競売業や画廊）への就職をする貴族もいるらしいが、その知識が果たしてそれに見合うものかについては、若干疑問が残るらしい。また、領地経営から不動産業に転じて成功した貴族（後述）もいるようだが、これもへたをすれば武家の商法になりかねない。

さらに、伝統と称号に弱いアメリカ人や日本人との商売を成功させるために、会社役員として名前だけを貸す貴族もいる（これも後述）。社用箋に貴族の名前が刷られていると、いささかの重みが感じとれるからである。

こうしてみると、貴族と金儲けとは対極の位置にあるべきだ、という建前は依然として守られているようでありながら、今日ではそれがなかなかままならぬことになっているというのが実情だろう。

だからリッチモンド公家のように、相続税の重圧に耐えかねて土地の一部を手放し、代わりに領地の森林資源を生かして木工製品を製作、さらには家具工場や住宅建設にまで手をのばして成功を収めるケースも出てくるのである。

日本でもその名を知られているイギリス随一のチェーン・ストア、マークス・アンド・スペンサーの経営者マークス氏（マークス・アンド・スペンサーの第三代当主マイケル・マークス氏と結婚したことのあるマークス寿子さんの『英国貴族になった私』［草思社］はなかなかおもしろい読み物である）も貴族なのだから（ただし初代マイケル・マークスはポーランドからのユダヤ人移民で、二代目のサイモンが第二次大戦中に亡命ユダヤ人の救済にあった功により、ナイトの位を与えられた。世襲貴族になったのは一九五八年だから、言葉は悪いが新興貴族である）、貴族は金と無縁だとばかりは言えなくなりつつある。

治安判事

「ぜいたくな暮らしと閑暇」とが貴族のトレード・マークだとはいえ、彼らがすべてまったく遊び呆《ほう》けてばかりいたわけではない（ただしそういう例がかなり見られることも事実）。高貴な身分に生まれついた人間にはそれに伴う義務がある、つまり、「ノブレス・オブリージュ」の考え方は根強く存在していた。その一つの表われが治安判事という職業である。

治安判事の職は遠く中世、恐らくは一四世紀の中頃に生まれたと思われるが、その職責は名前から予想される通り、郡や町の治安を司《つかさど》る警察官のような仕事で、犯人逮捕や反対尋問、起訴などをおこなっていた。しかしやがて地方行政全体をとりしきる役職となって一九世紀後半まで続き、今日でも司法機構の下部組織を形成している。小事件の裁判や宣誓の確認、あるいは結婚式の立会いなどはこの治安判事の主な仕事である。

ところで治安判事の職は無給で、そのため昔から地方の名望家、要するに貴族や紳士がこれを務めてきた。金と暇がある人間でなければ、とてもやっていられないものなのである。特に紳士や小地主は、貴族と比べてロンドンに出る回数も少なく、そのため治安判事になる割合が大きかった。

イギリス文学を少々読んだことがある人なら、こうした治安判事が作品中に時々顔を出すことに気づかれるに違いない。中でも実在の治安判事として特異な存在は、一八世紀の小説家ヘンリー・フィールディングである。

フィールディングは傑作『トム・ジョーンズ』を著すとともに、イギリス初代の首相ロバート・ウォルポールとの確執で有名な人物だが、彼は四一歳のとき、イートン校時代の同窓でその後パトロンとして大いに援助をしてくれたリトルトン卿の推挙により、ロンドンはウエストミンスター区の治安判事に任命された。

作家活動に力を入れていたにもかかわらず、治安判事としてのフィールディングはきわめて精力的に職務を遂行し、ロンドンの犯罪増加を防ぎ、社会悪を根絶するために大いに力をふるった。そして、悪がはびこるのを防ぐための対策を『最近の泥棒の増加の要因についての一考察』と題する小冊子にまとめあげ、社会に警鐘を鳴らしたのである。なおこうした治安判事の姿は、彼の小説中にもうかがうことができる。

ちなみに筆者の友人の父上は、サマセットシャーの名門貴族だが、二〇年あまり治安判事を務めた経験があるそうだ。しかし、田舎で住民ものんびりと平和に暮らしているせいか、その間事件らしい事件は三度しかなく、一つは窃盗《せっとう》（銀の食器が被害にあった）、あとの二つは夫婦ゲンカによる傷害（どちらがケガをしたのか訊き忘れた）だったそうである。したがって、もっぱら結婚式の立会いばかりやっていたと笑っておられた。

いずれにしても、治安判事職というのは、貴族や上流の名家の当主にとっては、引き受けずにはいられぬ「ノブレス・オブリージュ」なのである。

慈善活動

汗水たらして働くこともなく、金銭に困ることもない生活をエンジョイしている罪滅ぼしにというわけでもなかろうが、貴族が昔から力を入れてきたものに慈善活動がある。「持てる者」が「持たざる者」へ施《ほどこ》すのもある意味では義務だから、これも一種の「ノブレス・オブリージュ」と言えなくもなかろう。

たとえば前項で述べた治安判事職につくと、妻や国教会の教区牧師と協力して貧民救済にあたることが当然とされてきた。

イギリスの歴史をひもとくと、「救貧法」「救貧税」という言葉に時々出くわすことがある。昔は「貧民法」とか「貧民税」などと訳されたものだが、「貧民税」というとまるで貧乏人からとり立てる税のようで、なんと血も涙もない国かと思いこみがちである（そう言えばサッチャー辞任のきっかけとなった「人頭税」というのも、なんだかすごい言葉である。税金はなんでもイヤなものだが）。

もちろん実態はさにあらず、貧しい人を救うために金持ちからとり立てる税というのが、「救貧税」にほかならなかった。

最初の「救貧税」が制定されたのはエリザベス一世の時代というから、ずいぶん由緒のある法律と言えよう。この法律の成立した事情や、その中身、あるいはその後の歴史について語るとなると、ゆうに一冊の本を要することになるので詳しい点は省くが、幸いにして小池滋氏が『もうひとつのイギリス史』（中公新書）という卓抜な書物の中で簡潔明快な説明をしておられるので、その一節を引いておこう。

この法［救貧法］のルーツをたどると、何とエリザベス一世時代の、一五九七年と一六〇一年の二つの立法、一般に「エリザベス法」と呼ばれているものにたどりつく。言うまでもあるまいが、この頃に現代の社会福祉そのもののような概念があったわけではなく、まだ中世の名ごりを留めるキリスト教的家父長制度から生じた思想が、この法を生み出したのである。

貧民救済

社会において上にいる者、力あるものは、下の者、弱い者をいたわり、慈悲を注ぐのがキリスト教徒としての当然のつとめであって、この世で博愛行為をやっておけば、あの世へ行ってから神さまのお褒めをいただけるはずである、という考え方である。

だから、エリザベス法による救貧活動では、あくまで単位を英国教会のひとつの教区に置く、というのが大前提になっていた。一定の教区で生まれ、そこで生活している者で、何らかの理由で自活できない貧民は、法に基づく公的な救済を受ける権利を認められた。その際、救済対象者を「労働可能貧民《エイブルボディード・プーア》」と「労働不能者《インポテント》」の二種に分け、前者は必ずその教区に留まってできるだけの労働をせねばならないし、後者——幼児、老齢者、身体ないし精神障害者など——もその出生教区で最低限の生活が送れるよう救済を受けた。

ただしこれは救貧法の建前であって、その裏には、貧民層や社会のあぶれ者がひきおこしかねない騒乱や社会不安を未然に防ぐという意図が隠されていたことは忘れてはなるまい。その結果一九世紀には、貧しい人間が救貧院という名のひどい施設に入れられて、非人間的生活を余儀なくされたこと、あるいは逆に救貧院によって一応の保護が与えられた結果、貧乏人の心の中にかえって労働意欲が失われることになる、といった問題もおこってきた（ディケンズの小説などによく出てくるものである）。

とはいえ、持てる者が金を出して貧しい者を救う手助けをする（今日ならばもちろん国による社会福祉がこれにあたる）という精神は、救貧法の基本的考え方をなすものであって、そのためには貴族も義務を果たしたのである。

一方、こうした制度化された慈善活動ではなく、プライヴェートなレヴェルで貴族が貧しい者たちの救済に力を尽くすこともあった。たとえば、自分の領地内に住む貧しい家の子弟を屋敷の召使いとして雇うというのもその一つだろうし、学業に秀でた青少年に奨学資金を与えたという貴族もいる。あるいは母校に多額の寄付をして、それを奨学金の財源にする（たいていは自分の名前をつけて「何某フェローシップ」とする）ケースもあった。その意味では、年に一回領民を集めて大宴会を催し、大盤振舞いをするというのも、貴族のノブレス・オブリージュの具体的表現と言えるかもしれない。

むろんこうした行為をとらえて、慈善ならざる偽善だということもできるだろう。いや単なる売名行為、慈善に名を借りた税金逃れなどと、いろいろな見方ができるかもしれないが、貴族だとはいえ、われわれ下々の者と基本的には変わりのない人間のやることを、すべてそういう観点からとらえようとするのも、あまり趣味のいいことだとは言えまい。持たざる者のやっかみ、嫉妬と受けとられるのがせいぜいだから、たいがいのところでやめておくのが賢明なのである。

パトロン

こうした慈善活動の変型としてもう一つ忘れてはならないのは、歴代の貴族が文芸の保護に果たしてきた役割、言いかえれば「パトロン」としての貴族という面である。「パトロン」という言葉を聞くとつい変なことを連想したくなるが、元来この言葉は「保護者」を意味するもので（あれも保護、後援と言えば言えないこともないけれど）、特にヨーロッパの文芸の発展の歴史を考える上では欠かすことのできない存在だった。

たとえば中世においては、教会や修道院、王侯貴族が文芸の保護育成にあたり、文人や芸術家に住居と恵まれた環境を与えたり、金銭面での補助や作品発表の機会を与えたり、あるいは生活一切の面倒をみたりという形で、パトロンの役割を果たしてきた。ルネッサンス期に入れば、イタリアのメディチ家に代表されるような大貴族による文芸保護が盛んとなり、イギリスにおいてもそうした例は数多く見られることとなる。

ここでは細かい事例をとりあげている余裕はないが、パトロン制度（あるいはパトロネージという社会慣習）の一端をのぞいてみると、次のようなことが言えるのではあるまいか。まずパトロンになった人間、あるいはパトロンの役割を果たした存在というのは、もちろん基本的には金と権力のどちらか（または両方）をもっていた。中世においては主に王侯や教会がこうしたパトロンとなっていたが、ルネッサンス期以降は貴族のほか、商売で金をもうけた大商人らがこれに加わることになる。

そして一八世紀以降、文芸が大衆化されていくと（たとえば文学を例にとれば、読者層が拡大し、出版業が繁栄していく過程）、特定のパトロンというよりは、無名の大衆、一般庶民が文人、芸術家たちのパトロンとしての地位を占めていく。また現代では、企業による文化活動支援などもパトロンの一つと考えることができよう。

次に文芸の保護といったときのその「保護」の実態がどのようなものかという点が、大きな問題となる。これには様々の要素が含まれるが、その主だったものをあげれば、文人、芸術家の生活の面倒をみる、作品発表の便宜をはかる、そして近代以前においては、たとえば検閲や政治的圧力から彼らの身を守るといった点が考えられる。

　具体的に言えば、生活一切丸抱えで面倒をみるというスケールの大きなケースから、一つの作品ごとになにがしかの金銭を恵んでやるとか、宮廷や政府内に閑職を世話して生計の足しにしてやる、出版費用の一部を出すなど、いろいろな方法が考えられる。

　一方、こうした保護を受けた文人、芸術家の側は、その見返りとして作品中にパトロンへの献呈の辞（「――に捧ぐ」というやつ）を入れたり、序文で名前をあげたり、肖像画を描いたり（だから現実より美化されることが多い）する。作品は出版したいがその費用がないというときは、予約読者を募って金を集め、作品の最後にその名前を列記して恩に報いるという手もある。

　このようなパトロン制度は、見方によっては文芸の独立、純粋性を台無しにする前近代的遺物と批判することも可能だろう。もちろんパトロンの意向をあまりに気にしすぎて、お世辞たらたらの追従《ついしょう》文、つまらぬおべんちゃらをたれ流した人物もいないではない。あるいは有力パトロンがついに見つからず、悲観のあまり自殺してしまった詩人もいる。

　そうかと思うと、ジョンソン博士（一八世紀の文人にして、イギリス文学史上シェイクスピアと並ぶ有名人）のように、チェスタフィールドという貴族に門前払いをくらわされた腹いせに、パトロンというやつは「人が溺れそうになっているときは知らんぷりをして、岸にたどりつきそうになると手をさしのべる卑劣漢」と非難した傑物もいる（とはいうものの、『イギリス紳士のユーモア』でも述べたように、この事件の真実は単なる行き違いがもたらしたもので、ジョンソンが善玉、チェスタフィールドが悪玉という図式には、必ずしもならないのだが）。

ともかく「パトロン＝ひもつき」というイメージでついとらえたくなるこの制度、冷静に考えてみれば、それなりに文芸の発展に大いに役立ってきたもので、詩人とてかすみを食って生きていくわけにはいかないのである。したがって貴族がその財産をバックにして、文人や芸術家たちを保護、後援してきたことは、やはり大いに感謝すべき点なのであって、エリザベス朝時代のすぐれた詩が今日まで伝わっているのも、あるいは中世の学芸がのちの近代科学の発展に貢献した点も、はたまたすぐれた絵画が後世にまで伝わったのも、その一部はパトロンが担っていたといって過言ではないのである。

キャロライン王妃

もう二〇年くらい前のことになるだろうか、イギリスから初めて、「ロイヤル・シェイクスピア・カンパニー」なる名門劇団が、シェイクスピア劇をひっさげて日本公演をおこなったことがある。当時学生だった僕は、学科内の有志が集まってシェイクスピア劇を原語で上演するグループに属していたものだから、本場の劇が見られるというので、興味津々、日生劇場まで出かけたものだった。

演《だ》し物はシェイクスピア後期のロマンス劇『冬物語』（今はビールの名前にもなっていますね）で、白い舞台に繰り広げられるトレヴァー・ナンの斬新な演出ぶりにいたく感銘したのだが、そのときの公演用パンフレットに、この劇団が女王陛下をパトロンとしているという言葉を見つけて、いささか奇異な思いをしたものである。

なにしろ「パトロン」という言葉には妙な連想しか浮かばなかったし、劇団が女王様に保護、後援をあおいでいるという事情が、もう一つのみこめなかったのだ。

その後、イギリスのことを少し突っこんで勉強もし、パトロンという言葉で表わされる存在が、前項のような内容をもっていることを知ってからは、なるほどと納得したわけだが、今でもあのパンフレットの文字は目の隅に焼きついている。

さて、イギリスの歴史上には多くのパトロン貴族が現れているが、ここではその代表としてキャロライン王妃に登場してもらうことにしよう。

イギリスの王室にはキャロラインという名前は何人か見いだせるが、ここでとりあげるのは、一八世紀前半の国王ジョージ二世の王妃キャロラインである。

アン女王の死後、王位継承法の規定に従ってドイツからやってきたジョージ一世は、英語がわからず、イギリスの政治にはまるで興味を示さなかった。そのため政治の実権はロバート・ウォルポールというやり手の政治家が握り、イギリスには以後徐々に責任内閣制度が確立していく。そして一七二七年、父王の死去とともに即位したジョージ二世も、ウォルポールや大ピットに政治をゆだね、「ノブレス・オブリージュ」を果たしたのは、オーストリア継承戦争の際に自らイギリス・ハノーヴァー連合軍を率いてフランス軍を破ったぐらいのことだった。

ところでこのジョージ二世、政治もさることながら、文芸方面にもあまり興味はなかったらしい。同時代の文人たちの言葉を借りれば、「愚物一世のあとに愚物二世が即位した」だの、「ジョージ二世は傑作より一ギニーの金のほうが好きだったらしい」だの、ともかくひどい言われようなのである。

桂冠詩人

ところがその妻キャロラインは、これとはうってかわって文芸保護に熱心だった。ちなみにこのキャロライン、夫が即位した一〇年後の一七三七年に死亡してしまうのだが、日頃から彼女を熱愛していたジョージ二世の落胆ぶりは大変なものだったという。妻がいまわの息で「わたしの死んだあとは、ぜひ再婚して幸せになって」と言ったところ、ジョージは涙を流して「いや、いや、わしはめかけをおく」(「めかけ」の部分、原文では複数)と答えたなどという、妙なエピソードも残されている。

それはともかく、話はキャロラインだが、彼女はまず哲学や神学に大いに興味を抱いており、例のライプニッツとも手紙のやりとりをしている。またエイリアン・ウィストンという、今日ではほとんど忘れ去られた哲学者に五〇ポンドの年金（現代日本で言えば一〇〇万円ぐらいか）を与え、フランスから亡命してきたカトリックの神学者クレイヤーに年金一〇〇ポンド（のちに倍額アップ）を贈っている。

さらに当代の有名な神学者たちとも交流を深め、田舎の教区で忘れ去られた存在となっていた人物をもっと実入りのいい教区へ移れるよう尽力したり、自らの相談役としてポストを与えたりもしている。

一方、文学者でキャロラインの恩恵を受けた第一の人物は、リチャード・サヴェッジである。下層階級の出身だったらしいサヴェッジだが、自らは貴族の息子だと吹聴《ふいちょう》して、無頼な生活をほしいままにした。作品としては大したものを残していないが、人を殺して死刑を宣告され、処刑を危うく免れたとか、酒びたりの生活を送って身をもち崩したとか、ともかくその生活ぶりはさながら一時期の日本の作家を思わせるものである。そのためサヴェッジの名前は、作品を通じてよりも、友人ジョンソン博士の『サヴェッジ伝』という伝記文学の傑作によってよく知られている。

さてこうしたサヴェッジだが、先に述べたように殺人罪で獄へつながれたことがある。このとき知遇を得たのがハートフォード伯爵夫人で、彼女を通じてサヴェッジはキャロライン王妃と知り合うこととなった。そしてこの無頼詩人を気に入ったキャロラインは、死刑宣告を撤回させ、サヴェッジを自分付きの「桂冠詩人」とした。

ところでイギリスには古くからこの「桂冠詩人」という宮中官職がある。もともとは宮廷の慶祝行事、葬祭などに際して詩をつくる役目で、前任者が死亡したのち首相の推薦によって任命される終身職だが、年金を賜《たまわ》ることもさることながら、この職に任命されることは当代随一の詩人というお墨付きを国からもらうことだから、なかなか名誉な話である（ただし、必ずしもすぐれた詩人が任命されるわけではない点、文芸世界もいろいろと厄介である）。

大した詩才もなかったサヴェッジだが、実は彼はこの官職にありつきたくて仕方なかったらしい。そのためいろいろと手を尽くしたのだが、結局この野望は実現せず、わずかにキャロライン王妃付きの「桂冠詩人」となって年金五〇ポンドをもらい、毎年女王の誕生日に詩をつくったのである。しかし身についた無頼は結局直すことができず、最後は窮死してしまった。

ともかくこうしたサヴェッジのほか、名もない詩人を含めて多くの文人、芸術家の保護後援をおこなったキャロライン王妃は、イギリス貴族のパトロンの代表的存在と言えるだろう。

軍務

イギリスの貴族の家系をさかのぼってみると、当然ながら封建時代の騎士階級へと結びつくことになる。国王の廷臣としていくばくかの功績をあげ、それによって勲位を得たものが貴族の源流をなしているのだから、これもあたり前の話なのである。騎士は、一朝ことあれば王のもとにいちはやく馳《は》せ参じ、戦いに加わらなければならない。したがって「ノブレス・オブリージュ」の一つとして、貴族が軍務につくことは今日まで変わらず続いているものなのである。

その意味で象徴的なのは、第一次世界大戦で死亡したイギリス貴族の数である。『王室・貴族・大衆』（中公新書）という卓抜な書物を著した水谷三公氏によると、次の通りだ。

第一次大戦が貴族に要求した血の犠牲も史上稀な高さになった。一九一四年に五〇歳未満の上院貴族とその息子で戦場に赴いた者は、一八・九五％の死亡率を記録する。自由党の一人マスターマンは、貴族が被った被害は、中世のバラ戦争以来もっとも深刻だと言ったが、公爵を対象に死亡率の歴史的変動を分析した現代の学者も、この主張を裏付けるように見える。一三三〇―一四七九年の間に生まれた公爵たちの「暴力的原因」による死亡率は四六％だった。「市民革命」と誤って呼ばれる一七世紀の内乱時ですら、死亡率はこの半分にも達しない。それが一八八〇―一九三九年に生まれた世代では、四八％に達する。第一次大戦に参戦した全将兵の平均死亡率は、八―九％と推定されているのとくらべれば、全体戦争が貴族に要求した血の犠牲の重さが想像される。

帝国主義戦争を指揮

実際、第一次大戦下イギリスの首脳陣をながめてみても、国王ジョージ五世は言うまでもないとして、一九一六年まで外相だったサー・エドワード・グレイ、開戦時の陸軍大臣ハルツーム伯キッチナー、ドイツ生まれだが、ロイド・ジョージの戦時内閣で陸軍大臣を務めたミルナー子爵らがいる。

中でもキッチナーは、第一次大戦で一番よく知られた顔と言われ、イギリスの徴兵ポスターには「祖国は諸君を必要としている」という言葉とともにその顔が載せられていたのだが、大戦勃発時にはすでに六四歳という高齢だった。

いわゆるイギリスの「帝国主義戦争」で名声をほしいままにしていたキッチナーは、陸軍大臣に就任するや、志願兵で大部隊を編成し、弱体だったイギリス軍の強化に力を尽くした。一九一六年六月、ロシアへの使命を帯びて旅立った彼は、乗船していた軍艦ハンプシャーがバルト海の機雷にふれ、乗員もろとも戦死するのだが、それまでは事実上ひとりで戦争の指揮をとっていたのである。

こうしたキッチナーをはじめとする首脳陣もさることながら、第一次大戦時の主な軍司令官を見渡してみると、その多くが貴族ないしはそれに準ずる階級から出ていることがわかる。

たとえば、一九一五年から一九一六年までは第一軍及び第二軍の司令官、一九一六年から一九一八年までは第四軍の司令官だったサー・ヘンリー・ローリンソン、第三軍やエジプト・パレスティナ遠征軍の司令官を歴任したビング男爵サー・ジュリアン、あるいはダーダネルス海峡の攻略に失敗したことでやがて司令官を解任されるサー・イアン・ハミルトンなど、貴族や貴族の血筋をひく人間は枚挙にいとまがない。

さらに中隊や小隊の隊長クラスには、貴族の二男、三男がそれこそ数限りなくいる。家を継がない（あるいは継げない）二男以下にとっては、一般の企業に勤めるよりも軍人になるほうが貴族にふさわしい生き方だと考えられたからである（大学よりも軍隊がいいと言ってフォークランドに行ったアンドルー王子もその一例か）。

ところで、イギリスの場合、軍の士官になるのは圧倒的に上流階級出身者が多かったわけだが、ここで面白い現象は軍隊にも階級差がある点であろう。つまり上流好みの隊と、そうではない隊とが存在するのだ。たとえば、近衛騎兵連隊はエリートの集まるところとされているし、グリーン・ジャケッツという一八六六年に編成された陸軍連隊は、もっとも上流階級的と言われるのである。

こうした事情だから、第二次大戦時の英雄チャーチルのように、モールバラ公家の長男に生まれた生粋のお坊ちゃまが、パブリック・スクール卒業後はバークシャーにあるサンドハースト陸軍士官学校を経て陸軍への道を進むのも、決して異常な現象ではないのである。

海外勤務もいとわず

かつては七つの海を支配し、世界各地に植民地をもっていた大英帝国だが、現在はその栄光も遠い昔の話となった。

ところでそうした海外植民地があちこちにあった時代、イギリスの貴族や上流階級出身者が数多く現地の高級官僚として赴任していたことがある。その中でもインド高等文官（ICS）は、イギリス紳士の職業としてかなりの人気を集めたもので、彼らの力が植民地経営に果たした役割はきわめて大きかったと言われる。

この点については最近、浜渦哲雄氏が『英国紳士の植民地統治』（中公新書）という書物で委曲《いきょく》を尽くして述べておられるので、詳しくは同書を参照していただきたいのだが、こうしたところにも「ノブレス・オブリージュ」の伝統の一端を垣間見ることができるのではあるまいか。

ただしここで一つ指摘しておかなければならないのは、植民地の高等文官という職業が、給与面で破格の待遇を与えられていたことである。

たとえば先にあげたインド高等文官は、イギリスによる植民地経営の中核として大きな働きをした高級官僚だが、その初任給は一九世紀前半において三〇〇ポンド以上という高額だった。二〇代の若さでこれほどの高給をもらい、有給休暇も十分に与えられた上、植民地においては多くの人間をそれこそアゴで使えるとなれば、「オブリージュ」（義務）などといった体裁のいい言葉はつつしみたくなるものだが、それはともかく、家を継がない貴族の二男坊以下にとっては魅力ある職業だったのである。

だが、待遇面では文句のつけようがない職とはいえ、本国を離れ、人心の安定しない土地で何年、何十年と過すには相当の覚悟が必要となる。精神的なタフさとともに体力も大いに要求される。その点では浜渦氏も述べておられるように、パブリック・スクールで受けた厳しい教育が役立ったのであり、さらに言えば粗食で育てられ、食べ物にあまり関心をもたなくなった貴族だからこそ、僻遠の地でも暮らしていけたのだろう。

ここで思い出すのは、かつてわが勤務校に客員教授として数年間籍を置いていた人物である。実はこの男、話を聞けばアイルランドのアバコーン公家の跡取りで、ケンブリッジを卒業後、いささか思うところあってこの極東の一私学へ安い給与を気にもせず（もちろん金はうなるほどあるのだから気にもならないだろうが）、わざわざお越し下さったのである。

この御嫡男に、わが大学は週六回、「ハロー！　マイ・ネイム・イズ……」「ハウ・アー・ユー？」などで始まる英会話の授業を受けもっていただいたのだが、彼はこうした厚遇を嬉々として受け容れ、実に熱心に女子大生の相手をしてくれた。

そんなある日、たまたま何かの席で偶然隣り合わせ、いささかの閑談にふけったのだが、少々アルコールも入っていた勢いで「ぶしつけながら、貴君のような名門の貴公子がわざわざこの極東の地で英会話を教えるというのは、どうも御身分にふさわしくないのでは？」と尋ねた。するとかの君は平然たる顔つきで、「いや、これが貴族たるものの義務です」と答えて、そのあとニヤリと笑ったものである。

まあ世界の一等国にのしあがり、民情も安定して食事もあらゆる国のメニューがとり揃う日本のことだから、かつての植民地時代のような緊張感は要求されないのだろうが、宮家の御嫡男が、海外の学校で日本語の初歩を教える光景はいささか想像しにくいものではある。ところが、この種の人物はイギリスの上流階級では案外多く見られるもので、植民地の文官や在外公館、あるいは少々古めかしいが「お雇い外国人」などにも時折びっくりするような家の出身者が含まれていたりするのである。「ノブレス・オブリージュ」の伝統は依然として続いていると言えようか。

第五章

金と暇が生み出したもの

女性の弓術

スポーツへの熱狂

二〇世紀イギリスを代表するエッセイストのひとりジョージ・オーウェルは、「イギリス民族」と題するエッセイ（邦訳は『オーウェル著作集Ⅲ』平凡社）でこう述べている。

イギリス人は世界で最も人気のあるゲームのいくつかを発明し、それらを他のいかなる文化的産物よりも広範囲に広めた。「フットボール」という言葉は、シェイクスピアもマグナ・カルタも聞いたことのない何千万の人々の口に――それも間違った発音で――上っている。イギリス人自身どんなゲームでもとびぬけて上手というわけではないが、ゲームをすることを楽しみ、外国人には子供じみていると思われるまでに、ゲームの記事を読んだり、ゲームに賭けたりすることを好む。両次大戦間の時期、失業者がなんとか人生に耐えてゆくことができたのも、何よりもまずフットボールくじがあったからである。プロのフットボール選手、ボクサー、騎手、さらにクリケットの選手でさえも、科学者や芸術家などとても太刀打ちできないような人気を博している。とはいえ、スポーツ礼讃は大衆紙の紙面から想像されるほど馬鹿げたところまでは行っていない。ライト級のボクサーとして名声をうたわれたキッド・ルイスが、出身地から議員に立候補した時も、その得票はわずか百二十五票に過ぎなかった。

（小野協一訳）

五〇年近く前に書かれたエッセイだが、この事情は今日でもあまり変わっていない。大衆紙にはサッカーやクリケット、ラグビーの決定的瞬間の写真が大仰《おおぎょう》な文句とともに載っているし、マンチェスター・ユナイテッドの誰それが何百万ポンドでアーセナルに移籍するとか（どちらも名門サッカー・チーム）、クリケットのテスト・マッチでオーストラリアに敗れたのは、キャプテンシーに欠けていたからだとか、はたまた試合中のラフ・プレイでイングランド代表の一人が一ヵ月の出場停止となり、五ヵ国対抗ラグビーの行方に暗雲がたちこめただとか、ともかく賑やかなものである。

いや新聞や雑誌だけにとどまらない。「フーリガン」の名で知られるサッカーの熱狂的応援団は、ヨーロッパのみならず世界中から恐れられているもので、数年前、イタリアで開催されたワールド・カップ大会では、イタリア政府当局がフーリガン締め出しのために、空港、港、駅で厳戒態勢を敷いたのは記憶に新しい。イングランドが出場する試合では観客を入れずにおこなうという案が、真剣に検討されたほどだ。

どちらかといえば紳士的イメージでとらえられることの多いイギリス人が、ことスポーツとなると、一時期の阪神ファン顔負け（阪神ファンごめんなさい）の狂騒ぶりを示すのは一体なぜなのか、巷《ちまた》の雀たちはいろいろと議論の花を咲かせたのである。

けれどももちろんこうした熱狂ぶりは、イギリスのみに限られたことではない。南米のサッカー、アメリカのフットボール、カナダのアイスホッケー、日本の野球など、類似の例はいくらでも見つかる。わが国のスポーツ新聞の見出しなど、イギリスにまさるとも劣らない(海部前首相も読んでいたとかいう『東スポ』の見出しなど芸術的とさえ言える)。

スポーツの発明者

それはともかく、もう一度先ほどのオーウェルの文章に戻っていただきたい。「イギリス人は世界で最も人気のあるゲームのいくつかを発明し」た。なるほどその通りである。野球がクリケットから発展したスポーツかはいささか疑義があるので、これは省く。しかしそれ以外は、たとえばサッカー。これはもちろん世界で最もポピュラーなスポーツだが、そのサッカーがイギリスを発祥の地とすることは周知の事実である。

サッカー・ボールを抱えて走り出した少年がいたことから始まったと言われるラグビー。ワールド・カップまで開かれるようになったこのスポーツも、もちろんイギリス起源である。

ゴルフ。かつては有閑階級のおこなう代表的スポーツと言われたゴルフも、今は猫も杓子《しゃくし》もやるまでになった。

そして競馬。競馬新聞片手にちびた鉛筆をもった中年のおじさんで占められていた競馬場も、今はギャル軍団に乗っとられた感のあるわが国の熱狂ぶりである。しかし、もちろんこの競馬ももとはイギリスから始まった。テニスもまたイギリスを発祥の地としている。

この点で、オーウェルの言っていることは正しい。だが彼はそこからいささかの皮肉をくり出す。いわく「イギリス人自身どんなゲームでもとびぬけて上手というわけではない」。サッカーで世界一になったのは今を去ること三〇年近く前である（あのときの名プレイヤー、ボビー・チャールトンの肖像画が完成し、先頃ロンドンの美術館に収められた）。ラグビーはかつての流刑地オーストラリア、ニュージーランドが強い。テニスもダメ。もう一つの皮肉は、いかに有名なスポーツ選手といえども、国会議員には手が届かないというもの（その点ではわが国のほうが進んでいて、猪木先生がいる）。

しかしオーウェルの言葉でもっとも痛烈なのは、イギリス人がスポーツ・ゲームに賭けて楽しむことを好むという点だろう。「両次大戦間の時期、失業者がなんとか人生に耐えてゆくことができたのも、何よりもまずフットボールくじがあったからである」。まさにその通り。イギリスのスポーツを考えるとき、その賭博《とばく》との関わりは決して見逃すことのできない一面なのである。それが証拠に今でも、サッカーくじの売り場には多くのイギリス人が列をなしているのだ。

さて、こうした点を視野におさめながら、この章ではスポーツとイギリス貴族との関わりを考えてみよう。

社交としてのスポーツ

前にも若干触れたが、イギリスの上流階級は労働者階級に比べて体格にすぐれ、平均身長では数インチ高いという話を聞いたことがある。統計とか平均というのは少々うさん臭いところがあってうのみにするのは危険なのだが、そう思って気をつけてみると、なるほど貴族には背が高い連中が多いように見えるのも事実である（ただし背は高いが、きゃしゃな人間が多いという説もあり、特に貴族の女性は胸もおしりも薄っぺらだそうだ。そういえばそんな気もする）。

もしこれが事実だとすれば、その理由は何か。食べ物の違いという説もある（ビタミンの摂りすぎという説もあり）が、これはにわかには信じ難い。前にも述べたように、貴族は概して粗食だからである。ではほかに理由は考えられるか。

答えは簡単である。若いとき、それも身体の成長が著しい一〇代のときにパブリック・スクールでスポーツをしたからだというのだ。同世代の労働者階級の子供が朝から夜まで店員や労働者として働いているとき、上流階級の子弟は週に二〇時間近くクリケットやラグビー、ボートに励んでいるから身体が発達するというわけだが、果たしてこの説がスポーツ医学できちんと認められたものなのか、何とも判断がつきかねる。

それに、パブリック・スクールでスポーツが奨励《しょうれい》されるようになったのは近代に入ってからのことだし、また貴族階級なるものがそもそもスポーツに熱心かどうかについては、否定的意見もある。つまり、貴族はフットボールやクリケットに夢中になることはなく、彼らにとってスポーツと言えば、狩猟、射撃、釣りなど、生存手段と結びつくもの、ないしはギャンブル性のあるものに限るというのである。ただし最近ではスクウォッシュがオシャレなスポーツとして人気を集めているらしい。

なるほど、アメリカのように、イギリスの貴族が毎朝ジョギングをするという光景はいかになんでも想像しにくい。また、貴族出身のプロ・サッカー選手というのもあまり聞いたことがない。そもそもサッカーの場合、つい一〇年ほど前までは大学出のプロはいなかったらしいのである。

けれども、スポーツとは本来、生活に余裕のある人間のおこなうものであり、ありあまる時間を消費するための手段だとすれば、イギリスの貴族とスポーツとは決して無縁とは言えないはずである。プロとしてスポーツを生計の手段とすることはなくとも、アマチュアとして純粋にスポーツを楽しむ姿は貴族社会にも大いに見られるものだ。それが証拠に、イギリス王室の人々は、乗馬やポロを大いに楽しんでいる（ただしこれも、「生存の手段」と結びついているとも考えられる）。

貴族とスポーツとの関わりを考えるにあたって、もう一つ忘れてはならないことは、スポーツが社交の要素をもっている点である。斎藤正躬氏は『スポーツ』（岩波新書）という本の中で、イギリスのスポーツの特徴をあげて、「天候に関係なくゲームをすること、いいかえればきちんと約束を守ること、マナーが非常にやかましいこと、勝敗を重視しないこと、金のかかるスポーツの多いこと」と述べている。要するにイギリスのスポーツを貫く性格は、「経済的に恵まれた『上流階級の社交』である」というわけだ。ちなみに、どんなに暑くても冷房を切りカーテンを閉めてやる暗いスポーツである卓球は、そもそもイギリス貴族が始めたものらしく、パーティーの余興としてシャンペンのコルクを丸めたものをタバコ・ケースで打ち合ったのが最初だそうだ。これも一種の社交スポーツと言えようか。

さて、だとすれば、こうしたイギリス・スポーツの真髄をもっともよく体現できる存在は貴族ということになる。金も暇もたっぷりあり、もっぱら社交を日々の生活の中心としてきた貴族にとって、スポーツは欠かすことのできない楽しみになるはずだからだ。

クリケットという不思議なスポーツ

イギリスの上流階級とスポーツとの関わりというと、まっ先に思い浮かぶのはあのクリケットという、われわれ日本人にはどうも理解し難いスポーツかもしれない。

試合のルールや勝負の決め方もさることながら、グラウンド場でのあの変化のなさは、プレイするほうはともかくとして、ＢＢＣなどでの中継を見ていると眠気を催すことおびただしい。

しかも一試合やるのに一日、二日とかかり、国際試合、テスト・マッチともなると四、五日も続くのである。よほど時間がなければつきあいきれないスポーツと言えるだろう。おまけに、かつては試合の途中でティー・タイムをとり、優雅に紅茶を飲んで歓談したあと、再び試合に戻っていたのだから、日々の生活に追われる者にとっては異次元の世界のできごとのように思えるのだ。見ているとあまり体力を必要としない（あるいは身体を鍛えるには役に立たない）スポーツのようだから、その意味でも有閑階級の暇つぶしにふさわしいのではないか。

ところがこのクリケット、もとはと言えばイギリス南部の農民が始めた遊びだそうで、その時期は推定で一四世紀頃、確実な資料が現れるのは一六世紀にさかのぼるらしい。球を羊小屋の小門に向かって転がしたのが初期のやり方で、「ウィケット」（「三柱門」などというすごい訳語があてられる）というクリケット用語は、この小門（ウィケット・ゲイト）に由来する。

このクリケット、やがて一八世紀頃から有閑階級にも広まったのだが、この段階での貴族の果たした役割は、プレイヤーとしてよりもむしろ「パトロン」としてであった。つまり村の農民たちが試合をおこなう際にそのスポンサーとなっていたのである。

『英国スポーツの文化』（同文舘）の著者トニー・メイソンは、この点について次のように述べている。

スポーツのスポンサーになることは新しいことではない。一七世紀と一八世紀のさまざまなスポーツ、とくに競馬、拳闘、競歩、クリケットにとって、貴族の保護は重要であった。（松村高夫・山内文明訳）

けれども、こうした民衆スポーツのパトロンとしての貴族は、一七、一八世紀に急に出てきたものではなく、中世以来存在していた。歴史家のトレヴェリアンは『英国社会史』（山川出版社）の中でこう述べている。

懸賞拳闘の期日と場所が公告されると、この島国の各方面からその地点に向けて、車に乗り、馬に跨り、徒歩で大勢の人が出発した。時には二万人の観衆が集った。ある面では、これらのぼう大な屋外の集会は、一般民衆の祝祭であった。しかしこの国民的祭典の司祭は貴族階級の社交界の人々で、その人々が儀式を主催し、粗野でしばしば狂暴である群衆を畏敬せしめた。格闘士を傭い後援したのは、これら社交界、上流の人士であった。……貴族階級の後援なくしては、スポーツの催し物はその興味と絵のような美しさの半ばを失っていたであろう。（林健太郎訳）

一八世紀末以降は、クリケットやボクシングにプロの選手が出現し始めたため状況は変化

㊤クリケット㊦ローン・テニス

していくが、それまでは貴族がこうしたスポーツの選手たちを保護し、時には何らかの地位を与えたり、昇進の道を開いてやっていたのである。

これもまた貴族の「ノブレス・オブリージュ」、パトロンとしての貴族という一面を表わすものと言えるかもしれない。

そしてこの伝統は一九世紀以降、数多くのスポーツ・クラブがつくられ、ここを拠点としてクリケットやラグビーがおこなわれる際にも生き続けることとなった。すなわちそうしたクラブのパトロンとして、貴族が大いに力を尽くしたからである。その意味で、イギリスのスポーツを支えた一つの大きな力は、貴族だったと言えるかもしれない。

ゴルフは領地でできる

民衆レヴェルでのスポーツの繁栄をもたらしたものが貴族だったとして、ではその貴族自身はどのようなスポーツをおこなったのか。

これは歴史的に見れば様々のスポーツを数えあげることができる。たとえば、貴族の子弟が教育を受けたパブリック・スクールでは、一九世紀以降スポーツが大いに奨励されたことはすでに触れた。クリケットをはじめ、サッカー、ラグビー、ボート、陸上競技などは、中でも人気があったものである。「ワーテルローの戦いはイートン校の運動場ですでに勝ちとられていた」というウェリントン公の名言（ただし、いつ、どこで彼がこのせりふを吐いたのかは不明）は、パブリック・スクールでおこなわれたスポーツと、それを通じての指導者教育がいかに重要な意味をもっていたかを示すものと言えるだろう。トニー・メイソンも言うように、「スポーツをするという本質的に無意味な活動が、肉体的にも精神的にも英国国民のエリートに犠牲的精神と指導性を身につけさせたので、英国が世界最強の軍隊を破り、一九世紀に強大な帝国を築き、二度にわたる世界戦争で勝利をおさめることを可能にした」のである。

しかし、このような言わば教育的意味あいを含まない、純粋な楽しみとしておこなわれたスポーツで、貴族と縁の深いものは何か。

最初に思い浮かびそうなのはゴルフである。ゴルフの起源については諸説があってはっきりしたことはわからない。すでに一六世紀のスコットランドでゴルフの原型にあたるものがおこなわれていたとも言われる。これをエリザベス女王の死後イングランドの王位についたジェームズが伝えたというのだが、このあたりの事情はいささかはっきりしない。

それから約一五〇年後の一七五四年、スコットランドのセント・アンドルーズにゴルフ・クラブがつくられ、一三項目から成るゴルフ法が定められた。一七六四年に一ラウンドは一八ホールから成ると決めたのは、このゴルフ・クラブである。またその二年後にはロンドン郊外のブラックヒースにもゴルフ・クラブがつくられた。

また一九世紀、大英帝国が植民地を世界各地に抱えていた頃には、スコットランド連隊の将校たちがゴルフを大いに広めたと言われ、これが世界中のゴルフ人気を高める一つの契機となった。

さてこのような歴史をもつゴルフは、ゆったりとしたプレイぶりとマナーにやかましい点で、いかにも上流階級向きスポーツと思えるかもしれないが、初期の頃はいざ知らず、ゴルフ・クラブが設立されて様々のルールが定められるようになった一八世紀末からは、むしろ中産階級に好まれることが多いスポーツだった。

あるイギリス人貴族の言によれば、それでなくとも広すぎるくらいの領地（ゴルフ場の二つや三つはすぐにつくれる）がある貴族が何を好んでゴルフ・コースに出かける必要があるかというのである。

大体現在のイギリスでも、日本のように誰も彼もがゴルフをやるわけではないが、もしかりに一日のんびりコースをまわりたいと思えば、公営のゴルフ・コースをきわめて安い料金で利用できる（せいぜい五〜一〇ポンド、つまり一〇〇〇円〜二〇〇〇円）。私立のゴルフ・クラブに入会するのはこれに比べていささか厄介だし、名門ともなると資格審査が厳しいが、それでも普通のところであれば年会費数万円で会員になれる。会員権が何千万円もする国とは違うのである。

ウィンブルドンでの盛装

一方テニスのほうはどうか。結論から言えば、こちらも基本的には中産階級のスポーツである。それも都市近郊、主としてイングランド南部で人気の高いものらしく、サリー、ケント、バッキンガムシャー、オックスフォードシャーの各州では、人口一人当たりのテニス・クラブ数が全国平均を上回るそうだ。

テニスもその原型にあたるものはずいぶん古くからあったらしい（中世にさかのぼるという説もある）が、今日のようなローン（芝生）・テニスが盛んになったのは一九世紀後半らしい。そしてこの頃は、ヴィクトリア朝時代の上流階級が暇つぶしにテニスをやり、貴族のカントリー・ハウスでもずいぶんはやったと言われる。今日、観光客に開放されているカントリー・ハウスなどを訪れると、テニス・コートを備えているところが時折り見られる。

けれども、広さも設備もそれほどのものを必要としないスポーツだけに、一般大衆がテニスを楽しむようになるにはさほど時間がかからなかった。テニス・クラブが続々とつくられるとともに、学校でもコートをもつところが増加したのである。

ただし、ここで一言触れておかなければならないのは、テニスが貴族を含む上流階級の社交に果たした役割である。その代表例は、一八七七年からおこなわれている「ウィンブルドン・テニス選手権」であって、この大会期間中には、数多くの上流人士が盛装で会場に姿を見せ、試合の結果よりもむしろ優雅な社交の輪をくり広げることに熱心となる。ここにもイギリスのスポーツの一面が表われていると言えるだろう。

このように見てくると、イギリスの貴族と縁が深そうなスポーツは、もし彼らが実際にプレイをするという面に限ってみると、かなり限定されてくるようだ。もちろん大邸宅の庭でハードルの練習にいそしむ『炎のランナー』の若き貴族のような例もあるし、従僕（フットマン）にマラソン競走をさせる代わりに自らが走ったという一九世紀の貴族（ただしこれは賭けのためである。なおこれが例の退屈な競歩の起源だという説あり）もいるけれど、スポーツの実践となるとパブリック・スクール時代はいざ知らず、成人してのちはきわめて少数にとどまるのである。

狩猟の楽しみ

貴族が好んでやったスポーツの最たるものは狩猟（ハンティング）である。ただしここでいささか注意を要するのは、この狩猟という言葉で、これは鳥などを銃で撃つ「銃猟」（シューティング）とは異なる。つまり銃を一切使用せず、猟犬を使って獲物を追いかけるスポーツが本来の狩猟なのである。

獲物の対象となるのはキツネ、シカ、ウサギなどがあるが、もっとも人気があったのはキツネである。また獲物によって猟犬の種類が異なり、キツネはフォックスハウンド、シカはスタッグハウンド、ウサギはハリア、ないしはビーグルと呼ばれる犬が使われる（余談だが、イギリスでは階級によって飼犬が異なるそうで、この点についてはジリー・クーパーの本を御覧いただきたい)。

さて狩猟の方法だが、これは言ってみればきわめて簡単、かつ残忍なものである。獲物の隠れている穴を猟犬に襲わせて狩り出し、これを追いかける犬のあとから狩猟者が馬で追い、やがて犬に襲われて倒れた獲物を人間がとりあげて終わるというスポーツである。イギリスにはかつて庶民たちに人気のあったゲームとして、「熊いじめ」(つながれた熊に犬をけしかけて競わせる)や「牛いじめ」などが盛んにおこなわれていたが、狩猟も残酷な点ではあまり変わらない。

それはともかく、狩猟には広大な面積の土地が必要とされるから、貴族をはじめとする大地主が主にこれをおこなうのは当然と言えるだろう。その上、猟犬の訓練係、馬の世話係、獲物を狩り出すための多数の勢子《せこ》など、多くの雇い人が必要だし、そのための費用も膨大なものとなる。

さらに狩猟には多数の客を招待するとともに、猟の前日には「出猟祝い」と称して、客や勢子などに大盤振舞いをする慣わしとなっていたから、庶民にはとても縁遠いスポーツだった。追いかけるのに夢中になって、境界線を越えて他人の所有地に入り、農作物に被害を与えたときの弁償費用もばかにならないのである。

狩猟は主に一一月から翌年の四月ぐらいまでおこなわれたが、この期間は前にも述べた通り、貴族は田舎の領地に滞在している。しかも暇をもてあましているから、大金持ちともな

㊤狩猟㊦競馬（ダービー）

ると週に五、六日これをやっていたという。乱獲がたたって獲物が減り、そのため所領内の鳥獣管理人の数をふやしたという、訳のわからない話もある。

また狩猟には細かい規定、守るべきエチケットなどがいろいろとあるが、服装についてもなかなかやかましい。『現代エチケット・マナー百科事典』（秀文インターナショナル）の「ハンティング」の項を見ると、次のような記述がある。

男性の正しい服装はシルクハット、ハンティングタイと飾りなしのピン、黒のコート、チョッキ、淡黄色の乗馬ズボン、黒のブーツ、拍車、黄色の手袋。もしくは白の乗馬ズボンにハンティングブーツ（黒で膝に近い部分がマホガニー色の裏皮のもの。もとはもっと長いブーツで上の部分を折返してはいた）。

服の色についてもうるさい。

特徴的なカラーとボタンを持つ伝統の赤もしくは緋色のコートについては、マスターの指示があれば男性は着用してよいが、会の色が（ブルー、濃い赤紫、グリーンなど）決まっていればそれ以外着てはならないことになっている。

しかし貴族の独占スポーツと言われたこの狩猟にも、近頃では一般庶民が進出し始め、心ある人士を嘆かせることしきりだという。というのも、金に困った貴族が領地を狩猟場として開放し、しゃれたハンティング・ロッジなどもしつらえてヨーロッパやアメリカのハンターたちを呼び寄せているのだ。

ただしその際に主におこなわれているのは、猟犬を使った伝統的ハンティングではなく、むしろ銃を使ったキジ猟やウズラ猟が多いとのことである。そしてかつて大貴族たちがやたらと猟をしたものだから、獲物の数がだいぶ減ってしまい、目当てのキジになかなかお目にかかれないらしい。なにしろ昔の貴族には三日間の銃猟で一〇〇〇匹（ないし羽）の鳥獣を殺したという猛者《もさ》もいたそうで、天然資源の枯渇はどうしようもないのである。

馬と貴族

貴族にとって馬という動物は、犬とともに大事なものだった。騎士道華やかなりし頃は、馬上ゆたかにりりしい姿であたりを見まわしていれば、それだけでわが身の高貴さにうっとりとなったかもしれない。

近代になっても馬上から一軍を指揮する貴族は、しばしば目にすることのできる雄姿だった。馬に乗れない貴族というのは泳ぎのできない水兵のようなもので、あってはならない存在なのである。大好きな狩猟をやるのに馬に乗れなくてはどうしようもない。

今日でも馬術のようなスポーツには、必ずしも貴族ばかりとは言えないまでも、上流階級の人士が数多く出場するのには、以上のような事情がある。馬術のオリンピック選手に王室の人間や貴族が選ばれるのも、当然のことなのである。

たとえば、日本ではほとんどおこなわれないが、イギリス貴族や王室と関係が深く、しかも馬を使うスポーツにポロがある。

ポロの原型にあたるのは、二〇〇〇年以上も前に中近東の王族たちがやっていたゲームらしく、その頃には戦場で斬り落とした敵将の首をボール代わりに打っていたという。これがやがて中国、インドへ広まり、ポロの語源になった「プル」というのもチベット語の「柳の根」（つまり根っこを球代わりに打っていたのである）からきているらしいのだが、一九世紀にはこのゲームもアジアではおこなわれなくなりつつあった。

ところが一九世紀後半、植民地インドにやってきたイギリスの軍人たちがこのポロに夢中になり、これを大いにはやらせることになる。インド駐在のチャーチルなどは、ポロのとりこになったと自ら言っているくらいなのだ。

こうしてポロは、イギリス貴族の好むスポーツとなったのだが、やはりその理由の一端は、このスポーツが危険なゆえに、指導者としての能力を試す恰好のものと考えられたからだろう。なにしろ四人ずつの選手が馬（一応ポニーと呼ばれて競走馬より若干小さいが）を駆って全速力でぶつかるようにゲームをするのだから、やはり相当に危険である。

チャールズ皇太子は、将来の国王としての地位とポロの関係を問われて、前線から指揮をとる者と目されること、必要とあらばポロのように危険なことにも勇んで立ち向かう用意のあることを示すのが大事だと答えている。ここらあたりにも「ノブレス・オブリージュ」がうかがわれると言えるかもしれない。

しかし馬と貴族との関わりとなれば、競馬をまずその筆頭にあげるべきだろう。そしてかつては、貴族自身が馬に乗って競いあっていたものである。一八世紀の貴族、地主階級は隣り同士で張り合い、互いに自らの愛馬を駆って競ったという。そのせいか知らないが、現代にも家が落ちぶれたため馬を車に乗りかえて、レーサーとして身を立てようとする貴族もいる。

このように、貴族にとって馬は欠かすことのできないもの、極端に言えば家族同然という場合もあるから、これを大事にすることは尋常ではない。

普通は馬の世話係がきちんといて、日夜いろいろと面倒をみているのだが、馬好きの貴族は細かいことに口を出すことはなはだしい。毛のツヤが悪いとか、目がどんよりしているとか、どうもこのところ飼葉《かいば》の食いが悪いとか、気になって仕方がないのである。

今を去ること二〇〇年前、愛馬が病にかかってあえなく死んでしまったとき、そこの当主は三日三晩涙にかきくれて、食事ものどを通らなかったという。心配した妻が様子を見にいくと、亡き馬の尻尾を胸に抱いて息も絶え絶えになっていたそうだ。

しかしながら、愛馬を駆って原野を疾走する貴族の姿は時代とともに減ってきている。その代わり、貴族はプロの騎手を雇って競走させるようになり、さらには持ち馬が競馬場で勝利を収める姿を楽しむようになっている。そしてそこには、イギリス貴族の悪弊の最大なるものと言われた賭博、ギャンブルという要素がつきまとうことになる。

賭博とイギリス人

ロンドンへ行くといたる所に「ブックメイカー」という看板を見かける。これは別に製本屋ではなく、賭博屋のことである。つまり競馬や競犬（ドッグレース）の賭博を請け負う胴元のことで、「ベッティング・ショップ」という名前でも知られる。

イギリスは賭博の盛んな国で、こうした私設の馬券売り場も法律で認められて営業しており、多くの人々がこれを利用する。賭博の中心になるのは競馬とドッグレース（グレイハウンド・レースとも言われる）だが、ほかにもサッカーの賭けが人気を集めているし、日本の国技である相撲の優勝者を予想するものとか、次期のイギリス首相は誰かを賭けるとか、さらにすごいところではダイアナ妃が出産するのは男か女かなど、それこそ手当りしだいに賭けがおこなわれている。

こうした現象は今に始まったことではなく、遠く中世、ルネッサンス期からずっと続いてきたもので、一般庶民には闘鶏や熊いじめが何よりの楽しみだった。

いや庶民だけにとどまらない。上流階級の貴族たちも闘鶏には夢中になったもので、一八世紀には「社会全体が一大賭博場」だったという評言もある。労働者は一週間分の給料をもらうと、すぐにそれを賭博に使ってしまい、家族が路頭に迷うという光景は日常茶飯事だったが、貴族のほうとて負けてはいない。賭博に入れあげて財産を使い果たした人間も数多くいるのである。なにしろ「賭けは腐敗した貴族に典型的なものであり、そのために邸宅を売り払ったり、名家が落ちぶれたりしても、自業自得とみられていた」（『英国スポーツの文化』）と言われるくらいなのだ。

会員制の賭博クラブ

こうした貴族と賭博との関わりをもっとも鮮やかに示すものは、会員制の賭博クラブの存在である。

クラブというイギリス紳士独特の社交場の詳細については、すでに触れたことがあるので（拙著『クラブ』駸々堂を参照）ここでは省くが、そうした様々のクラブがロンドンのあちこちにつくられ始めた一七六四年に、二七人の貴族と紳士とによってもっぱら賭博を楽しむためのクラブがつくられた。その名を「オールマックス・クラブ」という。

このクラブの会員権は譲渡禁止というから、相当に閉鎖的である。新入会員を認めるにあたっても厳しい審査があり、そのため会員の顔触れはもっぱら上流階級に限られた。

ただし若干面白いのは、普通イギリスの高級クラブは男性のみが会員なのに対し、ここでは男女どちらも認めていたことである。そして原則的には男女同伴でクラブへ入場することが求められた。その一つの理由は、賭博以外にダンス・パーティーがよくおこなわれたからである。

とはいっても基本となるのは賭博で、トランプやさいころ、ルーレットがその主力を占めていた。会員は金持ちだけに賭け金も高く、一回の賭博に一万ポンド賭けることもあったという。二ヵ月間に一万二〇〇〇ギニー勝ったのでうんざりして退会したなどという、ウソみたいな話も伝えられている。

ところがこのクラブ、非合法の賭博場のように悪辣《あくらつ》な方法でもうけを得ることができなかったため運営資金にゆきづまり、一七七八年にはあるワイン商に店を抵当としてとられてしまった。これに伴いクラブの場所も、ペル・メル・ストリートからセント・ジェームズ・ストリートに移転したのである。

しかしこうした会員制賭博クラブは、その後続々とオープンし、一八世紀末にはロンドン中に数十軒があったと言われる。またそれに伴って会員の選定もゆるやかとなり、安い入場料で会員になれるシステムが生まれた。

今でもロンドンにはこの種のクラブ、カジノがあちこちにあり、特別な場所を除けば、会費を払って臨時会員になれる。その額はせいぜい二〇ポンド程度であるから、日本人の姿も時々見うけるようだ。ただしアラブ人の金持ちなどがいると、一晩で何万ポンドも使うから、いささか淋しい気分にはなるが。

競馬

さて、スポーツマンシップという言葉でとかく美化されがちな（もちろんスポーツマンシップは理念としてはイギリス社会に厳然と生き続けているし、実際にもそうした精神の発露が見られることは事実だが）スポーツも、賭博の対象として欠かすことのできないものなのである。

たとえば前にも若干触れたように、ボクシングや競歩は賭けの対象として昔から人気があったし、サッカーの賭けは現在もっとも盛んにおこなわれているものである。また優雅なスポーツとみなされることの多いクリケットも、一八世紀以来、恰好の賭けの対象だった。

しかしながら、貴族と賭博となれば、競馬（場）をまず忘れるわけにはいくまい。

イギリスの競馬は、一五九九年に上流紳士たちが自ら馬を駆って競走したのがはじまりと言われ、その後歴代の国王の保護、後援のもと、着実に人気を集めていった。遊び好きのチャールズ二世は馬に自分の名前をつけ、賞金として銀の盃と一〇〇ギニーを提供したと言われるし、一八世紀のアン女王も一〇〇ポンドの金盃を優勝者に与えている。

このため競馬人気は時代とともにうなぎのぼりとなったが、賭博であるから勝つ者もいれば負ける者もいる。たとえば一七九三年に死亡したある貴族の場合は、毎年一万八〇〇〇ポンドずつ失い、死ぬまで一〇万ポンドをすって、貧窮のうちに世を去ったそうだ。

ところでイギリスの競馬で有名なのは、毎年五月末か六月初旬にサリー州のエプソン・ダウンズでおこなわれるダービー（二〇〇年以上の歴史を誇る）と、三月末にリヴァプール近くのエイントリーでおこなわれるグランド・ナショナル（障害競走である）をあげないわけにはいかないだろうが、貴族との関わりという点から見れば、六月にウィンザー近くのアスコットでおこなわれるアスコット競馬こそがもっとも代表的なものだろう。

正式にはアスコット・ゴールド・カップと呼ばれるこの競馬、四日間の開催期間中は、王室をはじめ多くの上流階級の紳士淑女が集まって、日頃は静かなこの一帯も大変な賑わいとなる。

人の数とともに目を惹くのは、この競馬場にやってくる人々の衣裳である。日本のテレビでも時々紹介されるが、それこそ観衆の度胆を抜くような奇抜な衣裳を身にまとった女性や、とてつもなく大きな帽子、あるいは頭の上一メートルの高さはあろうかという帽子、さらにはこの日のために特別目立つようにつくらせた帽子などが、あちこちを動きまわる。アスコットの毎年の楽しみは、競馬よりもむしろこの帽子のデザインにあるのではないかと思えるほどである。

もちろんこの日には、エリザベス女王をはじめ王室の方々もお出ましになり、自分の持ち馬の走りっぷりを固唾《かたず》を飲んで見守っている。

さらにアスコットの四日間は貴族たちの社交の場としても重要で、一年のうちでも一番いい季節であるこの時期には、何はさておいても田舎のカントリー・ハウスを後にして貴族たちはこのアスコットに集まるのである。アスコット、ウィンブルドン、そしてオックスフォードで七月初旬におこなわれるヘンリー・ロイヤル・レガッタ（ボート）は、貴族たちの優雅な社交の場として欠かすことのできない行事なのである。

第六章

貴族の生き残り作戦

ブレナム宮殿

酷税の苦しみ

かつては大英帝国の象徴として世界に君臨したイギリス貴族も、二〇世紀に入ってからは財産税、相続税に苦しめられて大きな打撃を受けることとなった。よく知られているように、イギリス自体の国力も第一次世界大戦を境にして弱体化し、ついには斜陽国家、英国病などというありがたくもない言葉で形容されることとなったが、幸いにしてサッチャーの強力な指導もあり、国自体は再び勢いをとり戻しつつある。

ところが貴族のほうは、相対的にみればその地位の低下は否めない事実だし、昔のように法律の上にある存在だなどとは言えなくなっている。

すでに再三述べたように、貴族の所有していた領地は広大な面積である。この土地に財産税をかけ、さらに相続税で追いうちをかければ、国家へ入る収入は莫大なものとなるのは理の当然であって、国の台所が苦しいとなれば貴族の権威もへったくれもなくなるのである。

たとえばベドフォード公家の場合、一九四〇年に第一一代の当主が死亡したときは、三〇〇万ポンドの相続税をかけられた。そして一九五三年に第一二代が他界すると、四六〇万ポンドの相続税をかけられる。

このため、ロンドンの中心のコヴェント・ガーデンにあった土地を一九四〇年に手放し、一九五四年にはこの公家の墓所であるチェニーズの土地、一九六二年にはデヴォンシャーのエンズリーなど、次々に土地を売り払って、ついには本拠地であるウーバン・アビイだけが残ったが、これもやがてはナショナル・トラストの援助をあおぐこととなったという。

こうした例をあげていけばきりがないが、昔は貴族が所有していたラッセル、ボンド、グロブナー、サヴォイなどのロンドンの大邸宅、広場も、今は改築や解体されて、ホテルやオフィス、あるいは大使館などにその用途を変えたり、ボンド・ストリートのように通りの名前だけになっている。

貴族自らがツアー・ガイド

また貴族の本拠地であったカントリー・ハウスや城は、観光名所として一般庶民に開放され、当主自らがツアー・ガイドをなさるケースもある。ホテルや学校になったカントリー・ハウス、アメリカやアラブの大富豪に買われた城。日本の学校の海外研修用となった大邸宅。二〇世紀に入ってからの変貌ぶりはすさまじいの一語に尽きる。

一九世紀中頃までの貴族は、広大な領地を抱えてそこからあがる農業利潤と地代とによって、豊かな暮らしを満喫していた。ところが一九世紀末からは、農業大不況にともなう農業利潤と地代の低下が顕著となり、さらには自由党政権下で土地問題が政治問題としてとりあげられた結果、大土地所有制の土台が根本から揺らぎ始める。

なかでも貴族にとって大きな打撃だったのは、一八九四年の相続税改正によって、土地優遇税制が廃止され、累進税率が導入されたことだった。一九〇九年には土地相続税が二五%

となり、税金対策にあまり意を用いなかった貴族はあわてふためくことになる。

さらに第一次大戦という未曽有《みぞう》のできごとを経た一九二一年には、こうした相続税の影響を受けて、イングランドの四分の一にあたる土地の所有者が変わったと言われている。

相続税を中心とする税の悩みのほかに、貴族社会を揺さぶったもう一つの波は、政治の変化だった。

一九世紀末から目立ち始めた政治の民主化は、都市を中心とするブルジョワ階層の力を背景として進み、かつてのような土地を基盤とする地主階層の権威を徐々に侵食していく。政治の担い手である下院議員の構成も、商業、金融資本をバックにしたブルジョワが地主層を上まわる勢いだった。

もちろんこうした変化のなかでも、少なくとも第一次大戦までは、イギリス自体が海外への膨張を続けていたために、貴族はその資産の一部を海外投資にふりむけることで、なんとか息をつくことができた。

しかし一九二〇年代以降は、先のベドフォード公家に見られるように、かなり厳しい状況に見舞われていることは事実なのである。

ところで、そうした苦境に立たされている貴族たちは、一体どのような対策を講じてこれを乗り切ろうとしているのか。

多角経営

一六七五年に叙爵されたリッチモンド公家は、イングランドの公位の第三位に位置する名門だが、この公家も二〇世紀に入ってからは相続税に苦しめられて土地を次々と売り払い、書画骨董《こっとう》の類もその多くを手放してなんとか糊口《ここう》をしのいでいた。

しかしながら、第九代リッチモンド公となったフレデリック・チャールズ・ゴードン・レノックスは（三男坊だったが、上の兄二人が死亡したためいやいやながら公位についた人物である）、今までのような土地のあがりに依存する生き方をやめ、領地を活用して収入増加をはかる積極策に転じた人物である。

まず領地内でとれる木材を使って、木工製品を作って売り出す。その一方では事業の中枢となる会社を設立して、住宅建設や競馬場の経営にも乗り出した。またグッドウッドの大邸宅は観光用に開放し、一家はその近くに六室程度の小さな家を建てて移り住んだ。

この結果、リッチモンド公家は、二〇世紀後半の荒波を切り抜けて、むしろかつてより安定した収入を得ているという。

こうしたケースはリッチモンド公家だけにとどまらず、ほかにもいくつか見いだせるが、生き残りをかけた貴族が特によく使う手は、不動産業に転じるというものである。

不動産というと、日本ではダーティーなイメージでとらえられることが多く、貴族と不動産というのはいかにもミスマッチのような印象を受けるが、考えてみるまでもなくイギリス貴族にとってもっとも身近な仕事といえば、広大な領地と密接な関係をもつ不動産業になるわけである。

一九七九年春、ちょうど僕がイギリスにいた頃、二七歳という若さで第六代ウェストミンスター公爵が誕生した。

ウェストミンスター公家は連合王国公爵で、公家順位から言えば二六公家の二五番に位置する貴族である。叙爵は一八七四年だから、イギリスの貴族の地位が揺らぎ始める直前につくられた公家である。

このウェストミンスター公家は、その名の通り今でもロンドンのウェストミンスターに大きな土地を所有し、第一次大戦後の貴族の苦難時代にも、世界第三位の大富豪にランクされた（ちなみに一位はアメリカのヘンリー・フォード、二位はロックフェラー）大金持ちである。当然ながらこの若き第六代公爵に、いったいいくらぐらいの財産がころがりこむのか、巷《ちまた》の雀は大騒ぎしたものだが、幸いにもイギリスの新聞がこれを詳細に報道してくれた。

それによると、相続額は合計で五億ポンドである。当時は一ポンドが五〇〇円弱だったから、日本円に直して二五〇〇億円という巨額にのぼる。

ではその主な内訳はというと、まずロンドンのメイフェアという高級住宅街に土地と一四〇〇軒の貸家がある。それから、ウェストミンスター公家の姓であるグロブナーの名をとったグロブナー・ホテル。ここはロンドンでも屈指のホテルで、五ツ星、現在は一泊三〇〇ポンド（七万円ほど）とられる超高級ホテルである。続いて繁華街オックスフォード・ストリートの南側の土地。グロブナー・スクェアにあるアメリカ大使館の土地（だからアメリカ大使館は借地である）。

一方、田舎のほうに目を転じれば、スコットランドの土地が一〇万エーカー、イングランドの先祖代々の土地一万五〇〇〇エーカーがある。

しかしもっとも興味深いのは、このほかにアメリカのカリフォルニアにビルをもち、カナダ、オーストラリアにもオフィスやレストラン、羊の牧場などを所有している点である。つまりウェストミンスター公家は、海外に不動産を所有し、これをダミーの不動産会社によって管理することで、相続税、財産税による財産の目減りを防ごうとしてきたのである。

金融業への転身

不動産業とともに、二〇世紀の貴族が主に手を染めているのは、金融業である。考えてみれば、金を稼ぐことを軽蔑していた貴族が、金融という文字通り金銭に一番縁の深い仕事で、生きのびようとしているのだから皮肉と言えば皮肉な話である。

ただし歴史的に見れば、古くからの土地持ち貴族は別として、一七、一八世紀に貴族に列せられた人物たちの多くは、商業や貿易によって資本を形成した連中だった。

たとえば、一九世紀後半、四度にわたって首相を経験した自由党の政治家ウィリアム・グラッドストーンの家系をたどれば、もともとリヴァプールの貿易商であり、この先祖が西インド諸島の砂糖貿易で富をふやした結果、准男爵の地位を手に入れたのである。

またアッシュバートン男爵ほか五つの爵位をもつベアリング家は、もともとは一八世紀ロンドンにマーチャント・バンク（外国為替手形の引き受けや証券の発行をおこなう金融機関）を設立したことから出世街道をかけのぼり、金融業を中心として保険や船舶などの分野にも進出して、イギリスでも屈指の大貴族となったのである。

このほか、ビューモント男爵やデヴォンシャー公爵、ロックリー男爵やジャージー伯爵など、現在も金融関係の仕事に手を染めている貴族はかなりいる。

さらに、産業革命を経て一九世紀になると、産業資本家として財をなした人物たちが叙爵される傾向が顕著になってくる。たとえば一番よく知られているのは、醸造業者のエドワード・ギネスであって、彼は一八八六年から一九一六年の間に新たに二四六も叙爵された中の一人だった。

こうしたいわば新興の貴族たちは、広大な領地経営のみにすがって生きる旧タイプの貴族とは異なり、積極的な企業経営によって時代の荒波を切り抜けようとしたわけだが、一方昔ながらの貴族のうちでも、時代の動きに敏感な人々は、大商人や産業界のリーダーたちと縁戚関係を結ぶことで、目減りする財産の保持をはかろうとした。

すでに一七、一八世紀頃から、貴族の二男、三男が、大ブルジョワの娘と結婚する傾向が見られたが、これこそその意味では典型的パターンと言えるだろう。つまり貴族の側はこうした関係によって財政面での安定が望めるし、商人や貿易業者のほうは、社会的地位の向上が期待できるからである。

ただし、このような金と地位目当ての政略結婚が、往々にして悲惨な結果を招く場合もある。

たとえばチャーチルを輩出したモールバラ公家である。この公家の第八代ジョージ・チャールズは、最初の妻（貴族出身だが、やや頭がおかしかった）と別れたのち、アメリカの富豪の娘と再婚した人物だが、第九代のチャールズ・リチャード・ジョン・スペンサー・チャーチルとなると、初婚の相手も再婚の相手もアメリカ人である。

最初の結婚相手は、鉄道事業で大成功をおさめたヴァンダービルト家の娘で、これは完全な政略結婚だった。名門公爵家との縁組みを望む新興成金と、財産が欲しくてたまらぬ公家。どちらにとっても願ったり叶ったりの話である。これで当事者同士がお互いを好きになれば文句はなかったのだが、結婚話が出たときにはどちらにも恋人がおり、それを生木《なまき》をさくようなやり方で別れさせ、無理矢理結婚させたのである。

それでもなんとか血筋を守るべく男子を出生したのだが（愛はなくても子はできる）、結局その後離婚してしまう。ただしモールバラ家にとっては、この結婚によって新婦の実家から一時金として五〇〇万ポンド、二五年にわたる結婚生活中、年に二万ポンドずつをもらったというのだから、経済的に見ればモールバラ側の大勝利だった。

人的ネットワークの威力

領地や金銭、書画骨董といった有形の財産が徐々に失われていく一方で、依然としてイギリス貴族の強みとなっているものがある。それは彼らの顔である。といっても顔に気品があるという話ではない（気品も財産の一部と言えないこともないが）。

これまでの長い年月、貴族たちが意識するしないにかかわらず、つくりあげてきた人的ネットワークという無形の財産が、今の時代に改めて力を発揮しつつあるということだ。

すでに述べたように、イギリスの貴族たちはパブリック・スクールやオックスブリッジ、あるいは陸軍といった場でのつき合いを通して人脈をつくりあげてきた。そうした人脈は社会に出たのちも、たとえば名門クラブでのつきあいを通じてさらに強固なものとなる。

この点で興味深いのは、パブリック・スクールの名門イートン校のケースである。杉恵惇宏氏の次の文章をお読みいただきたい（『英日文化』第四一号）。

パブリック・スクールの名門校と、公立学校を決定的にわける違いは講演なり参観なりに訪れてくる人物である。イートン校の訪問者リストは豪華の一言に尽きる。かつてイートンから講演を頼まれたグラッドストーンはこの学校のためなら何でもやらざるを得ないと考えて、その要請を受けたという。義務と好奇と敬意の念は、社会の指導的人物を毎年イートンに引き付けている。ソルジェニツィンやNATOの事務総長の話を聞けたり、創立五五〇周年の式典に女王が出席するような中等学校は、イートンをおいて外にはないだろう。投票権を持たないたかだか四、五〇〇名の、特権階級の子供たちに超一流の著名人が時間を費やすことがどれほどの意味を持つのか知らないが、それでも灯火に群がる蛾のように、学校は彼等を引き寄せるのである。キッシンジャー、ネルソン・マンデラの弁護士、下院の議長、オクスファム社の社長、大臣、主教、教授たちは次々とイートンにやって来る。それは取りも直さず、イートンが持つ世間的名声のゆえだ。

二〇世紀のイギリスを動かしている、そして動かしてきた人物でイートン校出身者の率は圧倒的に高い。一九〇〇年から八五年の間、およそ千五百人の大臣が誕生したが、そのうち三四三人、実に五分の一がイートン出身者で占められている。二位はハロウ校の八三人、次いでウインチェスター校の五四人で、四位以下はこれらの数字に遠く及ばない。イギリスで最大を誇るウインザー城壁の下に座って、イートン校の生徒たちは自分たちが今でも王室が同じ村人である小さいコミュニティの一部であると感じるのだ。全校生徒約千三百人、パブリック・スクールの中で生徒数最多であるが、先にも触れたように各界の大物たちの講演を聞いて、大いなる野心を抱かないほうが不思議というものである。チャペルには何人もの首相を記念するおびただしい額縁がある。新聞のとりつかれたような学校への関心、引きも切らずやってくる参観者は、十三歳の少年に、自分に与えられた特権・恩典・名誉を自覚させずにはおかない。

社会の指導者を夢見る子弟をお持ちの御父兄は、こういうところにこそ入学させるべきだと思うのだが、ただし金がかかることは覚悟していただきたい。なにしろ年間の学費は二〇〇万円を超えるのだから。

社交というものにかなりの時間とエネルギーを費やす貴族の場合、パーティーやスポーツ、さらには政治の場を基盤とした人とのつながりは、思いがけない収穫をもたらすことがある。ある貴族は自分の城に年間一万八〇〇〇人の人を招待して食事をともにしたそうだが、そこで語られた内容が直接貴族の生き残り作戦に役立たなかったとしても、こうした場を通して培《つちか》われた人脈は、様々の面で有効だったはずである。

実際僕が聞いた話では、ある貴族の三男坊、ケンブリッジを卒業後シティの銀行に勤めたそうだが、学生時代の同級生や父親のコネ、クラブでのつきあいが何にもまして仕事に役立っているという。

しかもイギリスの貴族の場合（イギリスに限らずヨーロッパの貴族はみな似たりよったりのものだが）、その血筋の中にはドイツやオランダ、スウェーデンなどの貴族の血がまじっているケースが多々あり、国際的な取り引き、会議ではこれが大いにものを言うのである。

こうした貴族の顔を、利にさといビジネス界が黙って放っておくわけがない。歴代の貴族の中には、賭博や女遊びで社会のひんしゅくを買った人物も数多くいるが、一般の人々が貴族に対して抱くイメージは、依然として高貴なる人物、名士というものである。そのため、形だけのものとはいえ、貴族を会社の役員に据え、その顔をフルに利用して事業の発展をはかろうとする企業も出てくる。言い方は悪いが、宣伝の道具に使われるわけだ。

もちろん、公共的色彩の強い団体の名誉職に就く貴族もいて、この場合にはいかにも貴族にふさわしいと思えるのだが、時にはわけのわからぬ投資会社や不動産開発会社の名誉顧問の肩書きをもらい、あとでややこしい紛争にまきこまれるケースもある。ネス湖のネッシー君を探索すると称して多額の金を集め、形ばかりの調査を二、三度やってドロンしてしまった会社があったが、確かその専務には某男爵の名前があったはずだ。

奥の手はナショナル・トラスト

しかし、二〇世紀後半の貴族が、なりふり構わず生きのびようとしている姿をもっとも鮮やかに示すものは、これまでに何度も触れたように、自らの領地やカントリー・ハウスを観光客のために開放している点だろう。

週に何日間か日を決めて、豪壮なカントリー・ハウスを観光客に開放する。入場料をもらい、その代わりに貴族自らが各部屋、庭などを案内してまわる。これはこれでなかなかの商売になるらしいが、それでも広大な領地の管理費をとてもまかなえる金額ではない。だからダイアナ妃の実家では、伯爵自らが案内パンフレットにサインをし、奥様は土産物を売っている。

だがこれに相続税という追いうちがかかれば、この程度の日銭はなんの役にも立たなくなる。そのため、広い領地をサファリ・パークに衣替えさせた貴族もいるし、狩猟ツアーを目玉にして世界各地から人を集めようとする貴族もいる。

これでもダメだとなれば、例の「ナショナル・トラスト」に頼るしかない。日本でも最近とりあげられることの多くなったこのナショナル・トラスト、正式には「歴史的名勝および自然的景勝地のためのナショナル・トラスト」と言われ、一八九五年に非営利の法人として設立されたものである。

ナショナル・トラストの趣旨をひとことで言えば、イギリスにある美しい自然と歴史的建造物を、国民自身の手で保護、管理し、公開していこうというものである。

ちなみにこの組織の形成にあたっては、貴族であるウェストミンスター公爵も大いに力を果たしたが、なんといっても見事なのはこうした運動に賛成し、会費を払って会員になった人間が次々とふえ、一九九〇年現在で二〇〇万人にのぼるという点である。歴史と文化を大事にするイギリス人ならではのものと言えるだろう。

ところでこうしたナショナル・トラストが、相続税や財産税に悩んで次々に手放されていったカントリー・ハウスの保存に目を向けたのも、当然と言えば当然の話だろう。そして議会に働きかけてナショナル・トラスト法を改正し、本格的にカントリー・ハウスの保存に乗り出したのである。

この改正された法律では、カントリー・ハウスの所有者が館をナショナル・トラストに寄贈する代わりに、相続税等が免除され、寄贈者とその子孫は末代まで館の一画に住めることが保証された。ただし、家屋は一年のうち一定期間、公開を義務づけられ、また本来の状態を保つために定期的にナショナル・トラストの監査を受ける必要がある。

かつて住んでいた建物の一画に住むというのは、いささかわびしい話だろうが、少なくともこうした方法によって先祖の遺産が守られるのだから、これはこれで好ましいと言えようか。さもなければどこかの小説のように、わざと火事を出して保険金を手に入れようとする貴族が出るとも限らないからである。

エピローグ――されど、貴族

貴族院

それにしても、ナショナル・トラスト管理のカントリー・ハウスを訪れる世界中の観光客相手に、一族の由来、公家の歴史、過去の栄光をたっぷりと説いてまわる姿にも、いささか哀感が漂うことはいかんともしがたい。まして名門貴族所有の稀覯本《きこうぼん》が丸ごと業者に買いとられて、その一部が極東の地へ流れ流れてくるにいたっては、手にとって読むこちらのほうも、うたた感慨にたえないものである。

前にも述べた女優ネル・グウィンの子孫セント・オールバンズ公家が、二〇世紀に入ってどんどん没落し、ついにはロンドンはチェルシーの借家に住んで、先祖代々の財宝といえばチャールズ一世形見の指輪、ネルの宝石、肖像画数点しかないと聞くと、浮世の慣《なら》いとはいえ、歴史は残酷だという気になる。

だがその一方で、時代の変化を敏感に感じとり、今もなお生き生きと活動を続ける貴族もいることは、前章で述べた通りである。貴族のライフスタイルも、領地経営のみに基盤を置くのではなく、地の縁、人の縁をフルに生かしたものに変わりつつあるのだ。

ところで、現代に生きる貴族を考えるとき忘れてはならないのは、あの貴族院というものである。
イギリスの国会が二院制をとっていることはよく知られているが、下院での討論の模様は、新聞やテレビを通じて時々伝わることはあっても、上院にあたる貴族院がいったいどんなことをやっているのかはあまり話題にのぼらないようだ。

ちなみに下院の審議（の一部）がテレビ中継されるようになったのは近年のことで、前はテレビのニュースでも静止画面（日本でも近頃「証人喚問」で問題になっている）が出され、討議の模様が声だけで伝えられていた。これはへたにテレビで映すと、議員諸氏が「うけ」をねらってスタンド・プレイをやりかねないからということだったらしい。そう言えば、あの退屈な国会中継でもそういった手合いがいますね。

それはともかくこの貴族院だが、その構成員や役割はどのようなものなのか。

イギリスの二院制がいつ成立したかについては、はっきりしたことは言えないが、一四世紀頃にその原型にあたるものが存在したのは事実らしい。したがって、貴族院も六〇〇年近くの伝統と歴史をもつわけだが、当然その間には様々の変化が見られた。特に二〇世紀初頭のエドワード朝時代、自由党政府の提出した予算案をめぐり貴族院と下院とが対立した経緯は、貴族支配の時代から大衆社会の時代への転換を鮮やかに示す出来事として、今なお大きな関心の対象となっている（水谷三公『王室・貴族・大衆』参照）。

さて貴族院と呼ばれるからには、その構成員は当然貴族なわけだが、具体的にはどのような人々が議員として名をつらねているのか。

まず大雑把《おおざっぱ》に言えば、貴族院は二種類の層の議員から成立している。一つは聖職上院議員で、英国国教会の主教たち（たとえばカンタベリー大主教やヨーク大主教）がこれに当たる。彼らは当該管区の主教を辞任すれば同時に貴族院議員の資格も失うので、その数は四〇名程度である。

これに対し、貴族院の圧倒的多数を占めるのは、世襲貴族と一代貴族（その名の通り、一代に限って爵位を認められた人々）で、死亡その他で変動はあるが、現在約一〇〇〇人いると言われる。下院のように選挙民の意思で選ばれるわけではないから、議員数の変動は致し方ないが、それでも一九五八年に「一代貴族法」がつくられたときは議員があっという間にふえたし、逆に一九六三年に「貴族爵位法」がつくられて、貴族が世襲称号を捨て庶民になることが可能になると、議員数が減少するなどの動きが見られる。

ついでに言えば、首相経験者は自動的に貴族院議員になれるが、サッチャーは名よりも実をとり、今なお下院議員として政策決定に加わっている。

ということは、基本的に貴族院というのは、イギリスの政治の行方を左右するような力をもたない組織なのである。職務としては、下院から回ってくる法案の検討と修正や、下院で議論する余裕のない重要課題（しかしあまり論争を呼びそうにない問題）の検討などが主たるもので、よほどのことがない限り白熱した議論はおこらない。

要するに、形だけの名誉職的色彩の強い貴族院議員だから、議会会期中もそれほど熱心には出席しない。ある本によれば、週四日、年間約一五〇日の会期中、毎日平均三〇〇名の議員が出席したとのことだが、これはかなり好意的統計である。一九〇二年から一九〇八年まで、年一〇〇日程度の会期中、三〇日以上出席した貴族は、約五九〇名の投票権者中一五%、逆に一〇日未満は四割を超すという統計もあるからだ。なお、現在の定足数は三人というから、これでも十分議事は進むわけである（教授会もこうありたい！）。もっとも中には真面目な貴族もいて、現一一代グラフトン公は、貴族院の議事に必ず出席する六人のうちの一人だそうである。

儀式に欠かせぬ存在

貴族院がいわば飾り物的位置にあるのに対し、国家の儀典、国家的行事に欠かすことのできない職務もある。その筆頭にくるのが紋章院総裁という、いかにもイギリスならではの職位だが、これについては日本における紋章学の権威森護氏が次のように述べておられるので、参考にしていただきたい。

それはともかく、経済的には苛酷なまでに痛めつけられたとはいえ、公爵の身分や、中世以来の諸官制で特権的に与えられた職位は、いまなお各公家に世襲されている。紋章院総裁（Earl Marshal）の職位は、一四八三年に初代ノーフォーク公ジョン・ハワードが、リチャード三世に任命されて以来、代々ノーフォーク公家の世襲職位として今日に及んでいる。その年俸は一八ポンド（五〇〇〇円）と当時のままの浮世離れした額であるが、今世紀初めまでは宮中席次第七位の要職でもあった。現在でも戴冠式や結婚式、大葬、国葬、プリンス・オブ・ウェイルズ叙位式、議会の開会式等の国家行事や王室の行事は、紋章院総裁の出席を欠いては始まらない存在である。また王室家政長官（Lord Steward of the Household）の職位は、ヘンリー四世（在位一三九九―一四一三）以来の職制であるが、ノーサンバーランド公家の職位となってからは、現在も同家に世襲されている。かつては宮廷の祝宴において食卓に皿を並べたり、暖炉の前の清掃に責任を持つ職位であったが、現在では国事その他公式の席で、外国賓客の名を女王に大声で伝えるのが仕事であるという。

このような国家的行事もさることながら、少々改まった会合や大会に貴族が主賓《しゅひん》として招かれることも多い。

日本でも大きな展覧会や博覧会には、名誉総裁といった名前で皇室のいとやんごとなき方が出席されるのが慣わしとなっているが、事情はイギリスでも同じで、その種の会には頻繁に高貴な血筋の方々が出席され、スピーチと乾杯の音頭をおとりになる。

僕の知っているある貴族は、週のうち三日はこの手の会合に出席するのが通例とかで、その中には地元の学校の運動会や商工組合の集まりも含まれているそうだ。

たまたまそうした会に一度出席したことがあるが、日頃はわりと気楽な格好でいる御当主も、この日ばかりは見事な礼服に身を包み、スピーチも堂々たるもので、満座の拍手かっさいを獲得したものだった。中でも感心したのは、立食パーティに移ってからの応対ぶりで、当然のことながらいろいろな人間が入れ替わり立ち替わりあいさつに来るのだが、一人一人と二言三言、楽しそうに会話をしつつ、決して一箇所に立ちどまっていないのである。

しかも初対面の相手でも実によく名前を覚えているのである。宴果てての ち、そのことを話題にしたところ、当の貴族はこう答えてくれた。「なに簡単なことさ。こちらがしゃべるときに、相手の名前を必ず口にすれば自然と覚えていく。たとえばジョーンズという人があいさつにきたとする。そしたら、『ええ、そうですな、ジョーンズさん』。『それはなかなかいいアイディアだ、ジョーンズさん』。こうすれば覚えられるさ。それに相手にとっても気分はいいし」。

なるほどと思えたものである。

現代を生きる王室

しかし、貴族院や紋章院といっても、現代に生き続けている貴族の最たるものは、イギリス王室をおいてほかにはあるまい。

現在のイギリス王家の所領は一八〇万エーカーという膨大な広さであり、これをもってしても王室のすごさは想像できるが、ここでむしろ指摘しておきたいのは、エリザベス女王を頂点とする王室の人々が、その身分にふさわしい様々の職責を果たしている点と、こうした王室に対して、イギリス人一般がどのような考えをもっているかという点である。現在のイギリス王室には、もちろん直接的な政治権力は賦与されていない。政治の場に現れるとすれば、せいぜい議会の開会式ぐらいのものである。

したがって王室が果たしている役割の最たるものは、イギリスという国のスポークスマン、言い方は悪いが「広報部長」としての役目だろう。実際、王室の人々はエリザベス女王をはじめ、チャールズ皇太子もダイアナ妃も、フィリップ殿下も、頻繁にイギリス各地をとびまわり、あるいは世界各国へ出かけ、親善大使の役割を果たしている。こうした活動はイギリスという国の宣伝にとって、大いに役立っていると言えるだろう。ダイアナ妃一人の存在が、何百人もの外交官の代わりとなっていると言っても過言ではないのである。

けれどももう一つ忘れてはならないことは、こうした活動のほかに、時として王室が社会に向けて積極的なアピールをもおこなう点で、そのもっとも新しい例が、チャールズ皇太子による現代建築批判である。

日本の新聞でもとりあげられたので御承知の方も多いと思うが、昨今のイギリスが由緒ある建物をとり壊して、あまりに現代的な建物をつくりつつあることに対し、チャールズ皇太子はいささかの疑義をはさんだのであり、しばらくの間内外で大きな反響を呼んだものだった。

ことの是非については議論の分かれるところだろうが、巷間大きくとりあげられることの多い環境保護問題の一環として、やはり考えるべき一石を投じたと言えるだろう。ましてこの一石が、イギリスの象徴と言うべき王室から投じられたわけだから、そう簡単に無視するわけにはいかないのである。ある意味ではこれも、「ノブレス・オブリージュ」のなせるわざと言えるかもしれない。

しかしながらその一方で、王室を含む貴族たちの過去及び現在の生活について、多くのスキャンダル、醜聞が報道されることがあり、これを見ると貴族とて大したことがないと思うのだが、ひるがえって考えてみれば、そうした恥部が遠慮なく公けにされ、さらには女王は税金を払うべきか否かが堂々と議論されるという状況は、やはり健全な社会だと言うべきではなかろうか。

もちろん、興味本位のゴシップ記事には目をおおいたくなるようなデマも見られるが、それらをも含めて王室という存在を愛情をもって見つめるイギリスという国は、やはりただものではあるまい。そしてその中で、かつての力はなくなったとはいえ、貴族もまた生きのびていくのではないだろうか。

参考文献

例によって本書執筆にあたり参考にした書物を、深い感謝の念とともにあげておこう。

森護『英国の貴族』（ちくま文庫）
イギリス貴族の歴史、様々のエピソードを見事に描写した書物で、実に面白い。なお森氏は、このほかにも『英国王室史話』（中公文庫）、『英国紋章物語』（三省堂）、『英国史のティータイム』（大修館）ほか続々と「イギリスもの」を発表される健筆ぶりで、どの書物も大いに読書欲をそそるものである。

ジリー・クーパー著、渡部昇一訳『クラース』（サンケイ出版）
イギリスのジャーナリスト（小説家としても有名）の手になるイギリスの階級についてのレポート。ともかく面白い本で、鋭い分析が皮肉とユーモアにくるまれて、どこを読んでも膝を打ちたくなるほど。

水谷三公『貴族の風景』（平凡社）
貴族がつくりあげた広場、その足跡を辿りつつ、近代イギリスの政治の流れと人間像とを活写した書物。なるほどこういう書き方もあるのかと、内容・文体両面で大いに感服した。なお同著者には『英国貴族と近代』（東京大学出版会——版元が版元だけにレヴェルが高い）と、『王室・貴族・大衆』（中公新書）という書物があり、これまた（特に後者は）読ませる。

浜渦哲雄『英国紳士の植民地統治』（中公新書）
イギリスの大植民地インドを例にとり、いかにすぐれた人物がインド経営にあたったか、そうした人材の選抜法はどのようなものだったかを跡づけた書物。イギリス貴族の一面を知る手がかりとなる。

マーク・ジルアード著、森静子・ヒューズ訳『英国のカントリー・ハウス上・下』（住まいの図書館出版局）
「貴族の生活と建築の歴史」と副題にあるように、貴族の本拠地カントリー・ハウスの歴史とその構造を詳細に検討した書物。豊かな読書経験を味わわせてくれる。

秋島百合子『メリー・ポピンズは生きている』（朝日新聞社）
イギリスのナニーの世界を著者自らの体験も交えて描いた、恐らくは日本ではじめての書物。日本でもナニーがふえるか興味あるところ。
トニー・メイソン著、松村高夫・山内文明訳『英国スポーツの文化』（同文舘）
イギリスのスポーツの発展、社会や歴史との関わりを跡づけた好著。
前田英昭『イギリスの上院改革』（木鐸社）
日本ではあまりよく知られていない貴族院についての研究書。したがって硬派な本だが、きちんとした知識を得るにはベストだろう。
木原啓吉『The national trust』（駸々堂）
最近話題にのぼることの多いナショナル・トラストに関する概説と、この運動によって保護されているイギリスの文化財の写真集とをミックスした好著。
ヴェルナー・ゾンバルト著、金森誠也訳『恋愛と贅沢と資本主義』（講談社学術文庫）
すごい題名だが、資本主義成立史として古典的な名著。イギリス貴族についてもいろいろと興味深い事実が語られる。

以上で一〇点あげたが、ほかにも様々の書物のお世話になった。なお貴族と重なりあうところの多い紳士については、拙著『イギリス紳士のユーモア』（講談社学術文庫）の「参考文献」欄を御覧いただければ幸いだし、貴族についてのさらに詳しい文献案内は、水谷三公氏の『王室・貴族・大衆』を参照されたい。

次に英語文献だが、これもあげていけばきりがない。イギリス人の手になる小説やエッセイには貴族とそれにまつわる諸々の要素が頻出するし、近頃ではレイ・ハリソン『ジョン・ブルの誇り』（創元推理文庫）のように、貴族出身の刑事まで登場する始末。水谷氏の本やジリー・クーパーの本には英語文献が数多く紹介されているので、そちらを御覧いただければありがたい。

ただし最近の出版で、これはお勧めというのを一冊あげておく。

Elizabeth Longford, *The Oxford Book of Royal Anecdotes* (Oxford)

イギリス歴代の王室にまつわるエピソードを一冊にまとめた書物。よくぞまあ、こんなにと思うぐらいおもしろい。

あとがき

夏休みを利用して訪れたイギリスは、ずいぶん明るくなったような気がした。一年で一番いい季節だという理由にもよるだろうし、もっぱら人通りの多い町中《まちなか》を好んで歩いたせいもある。イギリスのあとで訪れたベルリンの東側が、あまりに殺伐としていたこと、これとの対照で、余計イギリスが引き立ってみえたという点も大きな理由かもしれない。

しかし道行く人々の顔、話しぶりには、どこかこちらの心をなごませるものがあったという印象はぬぐい難い。失業率が再び高くなり、ホームレスが増加し、ロンドンのオフィスが次々売りに出されているにもかかわらず、人々はよくしゃべり（ヒースローの空港職員のなんとにぎやかなこと）、よく笑い（ホテルのフロント嬢のなんと陽気なこと）、よく食べ（イタリアン・レストランが大はやり）、かつよく歩くのである（つられてこちらもよく歩いた）。

つかの間の旅行者が得た第一印象だけに、それを裏付ける確たる証拠はない。しかしサッチャーは首相を退いたとはいえ、やはり彼女のこの一〇年間の政策がイギリスを、イギリス人を再びよみがえらせたのではないか。そんな気がしたものだった。

それはともかく、帰国の前日にテレビのニュースで見た光景はなかなかに感動的なものだった。ロンドンはハイドパークで、イタリアの名歌手パヴァロッティのコンサートがおこなわれたのだが、当日はあいにくの大雨で、野外の大聴衆はみなずぶぬれになりながらこれを聞き、歓声をあげていたのである。そしてその中には、チャールズ皇太子もダイアナ妃も含まれていたが、彼らもまた一般庶民同様に雨合羽を頭からかぶり、雨のしずくをポタポタしたたらせながら最後まで聞きいっていた。ダイアナ妃の髪の毛がぐしゃぐしゃになっているのも画面からはっきりうかがわれるほどだったのである。

それにしても見事なものだと思った。普通ならああまでして聞くまい。どうしてもというなら、屋根付きの特別席をしつらえるだろう。だがイギリスの王室はそうした別扱いを望まず、どしゃ降りの雨の中で人々とともに拍手を送ることを選んだ。これも「ノブレス・オブリージュ」かもしれないが、かの国の貴族は強いものである。

昨年、この新書で『イギリス紳士のユーモア』という本を出していただいた。幸いにして良き読者にめぐまれ、まずまずの売れ行きだったこともあり、それでは二匹目のどじょう（どぜうと書きたいところだが）をということで、今度は貴族のお話である。

どういうわけか知らないが、近頃は貴族を扱った書物が次々出版され、おまけに貴族研究をテーマに据えた研究プロジェクトまで現れる中、いったいこの拙《つたな》い書物がどのような受けとめられかたをするか、筆者には皆目見当がつかない。なにしろイギリス貴族といったって、史上いったい何人の貴族がいるのか、よく数えたこともないし、またその一部の人々の生活や逸話をちらっとのぞきみただけでも、なんとまあ面白い事実がたくさんあることよとあきれるほどなのである。

　したがってこの本は、イギリス貴族なるもののある一面を切りとってみたに過ぎず、これをもってイギリス貴族がすべてわかるなどという大それたものではない。いろいろと調べ、実地見聞をし、考えを練って書きあげたものの、果たしてこれで彼らの実態が読者の皆様におわかりいただけたか、いささか心許ない思いである。

　ただ、この本が手がかりとなって、イギリスの歴史や文学、文化に興味をもって下さる方がふえてくれるのならば、筆者の喜びはこの上もない。

　最後になったが、この本を書くにあたってはいろいろな方々のお世話になった。とりわけ、講談社の渡部佳延さんには、内容、構成、その他様々の面で御面倒をおかけした。改めて感謝申しあげたい。また、二冊目をと勧めて下さった鷲尾賢也さんにもお礼申しあげる。

一九九一年秋　　　　　　　　　　　　著者

解説

新井潤美

小林章夫氏は『ロンドンのコーヒー・ハウス』（ＰＨＰ文庫、一九九四年）、一七世紀から一九世紀にかけて英国で発行された大衆向けの本であるチャップ・ブックを扱った『チャップ・ブックの世界』（講談社学術文庫、二〇〇七年）、『パブ・大英帝国の社交場』（講談社現代新書、一九九二年）、『賭けとイギリス人』（ちくま新書、一九九五年）など、英国の文化、そして文学を理解するのにきわめて重要な数々の事柄を取り上げて分析、解説してきた。

しかし、このような「英国的」なものの中でも扱うのが最も難しいものの一つが貴族だろう。その歴史は長くて極めて複雑であり、そのあり方も、代々伝わる古い家柄から、新聞王などの実業家などの新興貴族、そして二〇世紀にその制度が確立した一代貴族（国会の貴族院をもう少し近代化して、国民に受け入れられるようにするために一九五八年に「一代貴族法案」で定められた）など、実にさまざまなのだ。

さらに、古い家柄の貴族は一つの排他的なグループをかたちづくっていて、その実態に関しては、大多数の英国人にとっても謎だと言ってよい。英国のドラマシリーズ『ダウントン・アビー』が、テレビ放映（二〇一〇〜一五年）が終了してからも二〇一九年、そして二〇二二年に映画版が公開されるほどの人気を保っていることからもわかるように、英国の貴族は大部分の英国人にとっては遠い存在でありながら、演劇や小説、映画やテレビドラマなどで、その存在はどこか身近なものとなっていて、大きな興味の対象でもあるのだ。

とはいえ、英国の貴族、そして爵位を持たないアッパー・クラスの地主たちがこの国の歴史を作り上げてきたことを考えると、それも無理のないことだろう。貴族は英国の法律を作り、政治を司り、軍隊を指揮した。それだけではない。彼らは英国の文化や、現在「英国的」ととらえられている数々のものをもかたちづくってきたのである。例えば「午後のお茶」の習慣は一九世紀半ばに、第七代ベッドフォード公爵夫人アンナ（一七八三〜一八五七）が始めたと言われているが、今では階級を問わず、英国人にとってはなくてはならない習慣として定着しているし、海外からの観光客に人気の「アトラクション」でもある。

あるいは英国の観光地についても、例えば貴族たちが健康のために鉱泉を飲み始めると、リゾート温泉地が栄え、これもまた健康のために海水浴を始めると（この場合は水泳ではなく、震えながら冷たい海水に浸かるという、「苦行」だった）、海水浴場が次々と開発されていく。そしてこれらのリゾート地にミドル・クラスも集まるようになり、海水浴場に至っては、一九世紀後半には安い鉄道ツアーや蒸気船を使って、ワーキング・クラスの家族が集まるようになっていく。こうして、長い桟橋とアーケード、バンドや、子供が乗って遊ぶロバが揃っている、英国独特の海水浴場のかたちが定着するのだが、これも実は貴族をはじめとするアッパー・クラスから始まったものなのである（ちなみに、このように英国の海水浴場が大衆化すると、貴族たちは南仏やカリブ海など、外国に逃げていく）。

観光の例をさらに続けると、英国における最もポピュラーな観光の一つは貴族やアッパー・クラスの地主の屋敷、カントリー・ハウスめぐりである。土地の収益が農業の不振によって急減したり、相続税などの税金によって、先祖代々伝わる土地と屋敷の維持が困難になったりしたカントリー・ハウスの所有者たちは、二〇世紀の半ばから、庭園や屋敷の一部を観光客に有料で公開するという、「カントリー・ハウス観光」によって収益を得るようになっていった。また、今では多くのカントリー・ハウスが映画やテレビドラマのロケ、企業の研修会、そして結婚披露宴をはじめとする各種パーティの会場提供などで収入を得ている。本書にも、著者が知りあいの英国の貴族の家に招かれた時に、そこが映画『炎のランナー』のロケ地に使われたというエピソードがある。中には自ら観光客に挨拶したり、土産物屋のレジに立ったりするなどして、サービスをする貴族もいる。現在も自分と家族が暮らしている家の一部を貴族が公開するというカントリー・ハウス観光もまた、英国の文化の重要な部分なのである。

ちなみに、英国の首相はロンドンのダウニング街一〇番地の官邸の他に、チェッカーズという、ロンドンから六〇キロほど離れた場所にあるカントリー・ハウスを週末用に使うことが許されている。これは一九一七年に、当時のチェッカーズの所有者だった政治家サー・アーサー・リー（のちに爵位を与えられる）が、首相の別邸として使うという条件で国に寄付したものだった。それまでは英国の首相はアッパー・クラス出身で、当然のようにカントリー・ハウスを所有しており、そこで週末に人を招いて、華やかな社交だけでなく、大事な会談なども行っていた。しかし、一九〇八年に地主ではないハーバート・ヘンリー・アスクィスが首相となり、今後もそのような、カントリー・ハウスを所有しない首相が増えるだろうというのがサー・アーサーによる寄付の理由だった。首相が必ず貴族やアッパー・クラスの出身者であるということがもはやなくなっても、このように、彼らが定着させた習慣が受け継がれて残っていく。貴族と、彼らが生み出した習慣は、英国の歴史と文化を語る上できわめて重要な存在なのである。

『イギリス貴族』は、この、実に「英国的」な題材を、明快でコンパクトかつ重要な点をおさえて扱っているだけでなく、テンポのいい、魅力的な語り口で読者を惹きつけていく。貴族の種類や爵位について、征服王ウィリアムの時代に遡って、長い歴史をたどりながらも、「貴族」と「紳士」の違いといったきわめて重要でありながら、一筋縄ではいかないトピックにも触れつつ、解説していく。

「貴族」のようなトピックは、ともすれば歴史的な事実、政治的陰謀、年号や名前を羅列した重たいものになりやすい。しかし、本書は著者の個人的な経験や意見（時には少々強引に思われるものもあるが――たとえば、英国の「普通教育修了試験」のAレヴェルの試験内容が日本の入試問題よりも簡単だという氏の意見には個人的には少々異を唱えたくなる――それもまたこの本の面白さの要因だろう）、そして日本との比較によって、この題材をより身近に感じさせてくれる。もちろんそれだけでなく、さまざまな時代の文学作品や評論などの多彩な資料に言及し、引用しながら、論を展開する。前に書いたように、著者の知り合いの貴族の例などをさりげなく紹介しながらも、ネーム・ドロッピング（有名人や権力者の名前を持ち出して、自分が知り合いであるかのように語ること）をするわけでもなく、個人的な経験に過剰に重点を置くわけでもない。この啓蒙的かつ軽妙な文章を読んでいると、直接小林氏から話を聞いているかのような錯覚に陥ることさえある。

著者は「プロローグ」の中で本書について、「イギリス貴族の姿を、その豊かな生活ぶりや時代の荒波との闘いを含めて、できるだけわかりやすく、そしてなおかつできることなら面白く描こうという、むこうみずな試みの産物」と書いているが、「できるだけわかりやすく、面白く」というのがまさに小林氏の語りのスタイルであり、その人柄の反映であるとも言えるかもしれない。氏の旺盛な好奇心と、それが導く幅広い知識、そしてその知識を読者と共有するだけでなく、読者を楽しませ、読者と共に楽しみたいという願いが、その文章からも生き生きと伝わってくるのである。

私ごとになるが、小林章夫氏と最初に仕事でご一緒したのは、国際交流基金の機関誌『をちこち』で黒岩徹氏と共に、「イギリスの『復活』をもたらす二枚腰のしたたかさ」というタイトルで鼎談をさせていただいた時だった。それまで小林氏のご著書を読んだり、学会でシンポジウムを聞いていたりしたが、お話しするどころか、近くでお目にかかるのも初めてだった。その時に小林氏は司会のような役割をされていたが、会場に入られた時から、溢れるような活力と熱意、そして温かさを感じさせる存在だった。自己紹介をして、氏と一言二言言葉を交わしただけで、それまでガチガチに緊張していたのが、スッとほぐれて、両氏との鼎談を楽しむほどの心の余裕を与えてもらったのを覚えている。その後の雑談で、氏が前夜は朝まで九州（だったと思うが）で飲んでいて、また、その日も夕方は馴染みの店に出かけていくのだと話すのを聞いて、その驚くほどのエネルギーとポジティヴなオーラに強い印象を受けた。

その六年後に私は勤めていた大学を移り、偶然にも小林氏の同僚となった。病気をされて、以前のようには飲めなくなったと言っておられたが、それでも以前お会いした時の活力と熱意は変わることがなく、それは学生の指導にも見ることができた。その後、小林氏は他の大学に移られ、ますます精力的に大学の運営などに携わっておられたようだ。氏の活発な研究活動や教育活動を通して、まだまだいろいろ教えていただく機会があることを期待していたのだが、二〇二一年の八月に、氏の突然の訃報を聞いて呆然とした。小林氏のあの活気と好奇心、知識に溢れた語りをもう聞くことができないのはあまりにも寂しいことだが、せめてこのような形で、氏の著作がまた新たな読者に読まれ続けるのは喜ばしい限りである。

（あらい・めぐみ　東京大学大学院教授）

KODANSHA

本書は、一九九一年に講談社現代新書の一冊として刊行されました。文庫化にあたり、書誌情報などを最新版に改訂しました。

なお、本文の一部に今日では差別的とされる表現がありますが、時代的な制約と著者が故人であることを考慮し、そのままとしました。

小林章夫（こばやし　あきお）

1949-2021年。東京生まれ。上智大学大学院文学研究科修了ののち，同志社女子大学教授を経て，上智大学文学部教授。専攻はイギリス文学，文化。主な著書に，『イギリス王室物語』『イギリス名宰相物語』（ともに講談社現代新書），『コーヒー・ハウス』『イギリス紳士のユーモア』（講談社学術文庫）などがある。

講談社学術文庫

定価はカバーに表示してあります。

イギリス貴族《きぞく》

小《こ》林《ばやし》章《あき》夫《お》

2022年７月12日　第１刷発行
2022年８月23日　第２刷発行

発行者　鈴木章一
発行所　株式会社講談社
東京都文京区音羽 2-12-21 〒112-8001
電話　編集（03）5395-3512
販売（03）5395-4415
業務（03）5395-3615

装　幀　蟹江征治
印　刷　株式会社 KPS プロダクツ
製　本　株式会社国宝社
本文データ制作　講談社デジタル製作

ISBN978-4-06-528917-4

「講談社学術文庫」の刊行に当たって

これは、学術をポケットに入れることをモットーとして生まれた文庫である。学術は少年の心を養い、成年の心を満たす。その学術がポケットにはいる形で、万人のものになることは、生涯教育をうたう現代の理想である。

こうした考え方は、学術を巨大な城のように見る世間の常識に反するかもしれない。また、一部の人たちからは、学術の権威をおとすものと非難されるかもしれない。しかし、それはいずれも学術の新しい在り方を解しないものといわざるをえない。

学術は、まず魔術への挑戦から始まった。やがて、いわゆる常識をつぎつぎに改めていった。学術の権威は、幾百年、幾千年にわたる、苦しい戦いの成果である。こうしてきずきあげられた城が、一見して近づきがたいものにうつるのは、そのためである。しかし、学術の権威を、その形の上だけで判断してはならない。その生成のあとをかえりみれば、その根は常に人々の生活の中にあった。学術が大きな力たりうるのはそのためであって、生活をはなれた学術は、どこにもない。

開かれた社会といわれる現代にとって、これはまったく自明である。生活と学術との間に、もし距離があるとすれば、何をおいてもこれを埋めねばならない。もしこの距離が形の上の迷信からきているとすれば、その迷信をうち破らねばならぬ。

学術文庫は、内外の迷信を打破し、学術のために新しい天地をひらく意図をもって生まれた。文庫という小さい形と、学術という壮大な城とが、完全に両立するためには、なおいくらかの時を必要とするであろう。しかし、学術をポケットにした社会が、人間の生活にとってより豊かな社会であることは、たしかである。そうした社会の実現のために、文庫の世界に新しいジャンルを加えることができれば幸いである。

一九七六年六月

野間省一

池内 紀著
悪魔の話
ヨーロッパ人をとらえつづけた想念の歴史。彼らの不安と恐怖が造り出した「悪魔」観念はやがて魔女狩りという巨大な悲劇を招く。現代にも忍び寄る、あの悪夢を想起しないではいられない決定版・悪魔学入門。

2154

ウィリアム・H・マクニール著／清水廣一郎訳
ヴェネツィア 東西ヨーロッパのかなめ 1081～1797
ベストセラー『世界史』の著者のもうひとつの代表作。十字軍の時代からナポレオンによる崩壊まで、軍事・造船・行政の技術や商業資本の蓄積に着目し、地中海最強の都市国家の盛衰と、文化の相互作用を描き出す。

2192

パット・バー著／小野崎晶裕訳
イザベラ・バード 旅に生きた英国婦人
日本、チベット、ペルシア、モロッコ……。外国人が足を運ばなかった未開の奥地まで旅した十九世紀後半の最も著名なイギリス人女性旅行家。その幼少期から異国での苦闘、晩婚後の報われぬ日々まで激動の生涯。

2200

南川高志著
ローマ五賢帝 「輝ける世紀」の虚像と実像
賢帝ハドリアヌスは、同時代の人々には恐るべき「暴君」だった！「人類が最も幸福だった」とされるローマ帝国最盛期は、激しい権力抗争の時代でもあった。平和と安定の陰に隠された暗闘を史料から解き明かす。

2215

川北 稔著
イギリス 繁栄のあとさき
今日英国から学ぶべきは、衰退の中身である――。産業革命を支えたカリブ海の砂糖プランテーション。資本主義を担ったジェントルマンの非合理性……。世界システム論を日本に紹介した碩学が解く大英帝国史。

2224

本村凌二著
愛欲のローマ史 変貌する社会の底流
カエサルは妻に愛をささやいたか？ 古代ローマ人の愛と性のかたちを描き、その内なる心性と歴史の深層をとらえる社会史の試み。性愛と家族をめぐる意識の変化は、やがてキリスト教大発展の土壌を築いていく。

2235

外国の歴史・地理

中島俊郎著（解説・桑木野幸司）
英国流 旅の作法 グランド・ツアーから庭園文化まで

一八世紀、古典教養の習得のため、こぞってイタリアへと旅した英国貴族たち。感性を磨きに田園を訪れ、湖水地方の風景観賞で美意識を養う――。なぜ、彼らはかくも旅に焦がれたのか、〝真の効用〟を探る。

2619

アンリ・ピレンヌ著／増田四郎監修／中村 宏・佐々木克巳訳
ヨーロッパ世界の誕生 マホメットとシャルルマーニュ

ローマ文化を体現する「地中海世界」から、封建制と教会支配が広がる「ヨーロッパ世界」へ。中世の始まりを告げたイスラムの力とは？ 歴史家ピレンヌの集大成にして古典的名著、待望の文庫化！

2620

鈴木 董著
食はイスタンブルにあり 君府名物考

一六五〇年近くに亘り、栄華を極めたオスマン帝国で、人々は何を食べていたのか。トプカプ宮殿の豪勢な献立、屈強な軍人の強烈な食欲逸話、市場の食材物価表などを辿り、「史上最強の食欲」の秘密に迫る！

2628

増田義郎著
アステカとインカ 黄金帝国の滅亡

一六世紀、スペイン人によるアメリカ大陸征服が始まる。黄金の亡者＝征服者の夢が、新大陸にもたらした哀しき運命とは？ 壮絶な戦いの記録を「敗者の視点」から描く、アメリカ制圧の五〇〇年史！

2636

樺山紘一著
《英雄》の世紀 ベートーヴェンと近代の創成者たち

ナポレオン、ヘーゲル、ゲーテ……、群雄割拠の革命の世紀。楽聖が数々の名曲を生み出した時代背景を政治・文化の両面から辿る近代ドイツ史入門。西洋史の泰斗が達意の文章でおくる近代創成のロマン！

2641

呉 兢著／石見清裕訳
貞観政要 全訳注

唐王朝最盛期を築いた名君と謳われる太宗が、自らの統治の是非について臣下と議論を交わし、時に痛烈な諫言を受け入れた様を描く不朽の「帝王学」。平明な全文訳と、背景となる中国史がわかる解説による決定版。

2642

文学・芸術

能・文楽・歌舞伎
ドナルド・キーン著／吉田健一・松宮史朗訳

日本の伝統芸能の歴史と魅力をあまさず語る。少年期より演劇の擒になって以来、七十年。日本人以上に日本文化に通暁する著者が、能・文楽・歌舞伎について、そのすばらしさと醍醐味とを存分に語る待望の書。

1485

ビゴーが見た日本人　諷刺画に描かれた明治
清水　勲著

在留フランス人画家が描く百年前の日本の姿。文明開化の嵐の中で、急激に変わりゆく社会を戸惑いつつもたくましく生きた明治の人々。愛着と諷刺をこめてビゴーが描いた百点の作品から〈日本人〉の本質を読む。

1499

平家物語　無常を聴く
杉本秀太郎著

『平家』を読む。それはかすかな物の気配に聴き入ることからはじまる――。「無常」なるものと向きあい、ゆれて定まらぬもの、常ならざるものを、不朽の古典をとおして描く、珠玉のエッセイ。大佛次郎賞受賞作。

1560

バーナード・リーチ日本絵日記
バーナード・リーチ著／柳　宗悦訳／水尾比呂志補訳

イギリス人陶芸家の興趣溢れる心の旅日記。独自の美の世界を創造したリーチ。日本各地を巡り、また、濱田庄司・棟方志功らと交遊を重ね、自らの日本観や芸術観を盛り込み綴る日記。味のある素描を多数掲載。

1569

古典落語
興津《おきつ》　要《かなめ》編（解説・青山忠一）

名人芸と伝統――至高の話芸を文庫で再現！　人情の機微、人生の種々相を笑いの中にとらえ、庶民の姿を描き出す言葉の文化遺産・古典落語。「目黒のさんま」「時そば」「寿限無」など、厳選した二十一編を収録。

1577

イギリス紳士のユーモア
小林章夫著

卓抜なユーモアを通して味わう英国人生哲学。山高帽にこうもり傘、悠揚迫らぬ精神から大英帝国を彩るユーモアが生れた。当意即妙、グロテスクなほどブラック、自分を笑う余裕。ユーモアで読む英国流人生哲学。

1605

文学・芸術

音楽の理論
門馬直美著

なぜベートーヴェン「田園」は柔らかな感興をもたらすのか。バッハの紡いだ旋律の根幹とはいかなるものか。音楽評論の泰斗が「楽理」の核心を説く。バロック以前から無調・多調音楽まで三七五の譜例採録。

2579

歌舞伎十八番集
河竹繁俊編・著（解説・児玉竜一）

七代目市川團十郎が、天保三（一八三二）年に選定した市川家代々の当り狂言十八番。『助六』『勧進帳』『暫』『景清』『毛抜』など江戸以来の脚本に詳細な註釈を付けた決定版！「外郎売」のつらねも収録。

2582

クラシック名曲の条件
諸井 誠著（解説・岡田暁生）

「モーツァルトですら名曲と言えるのは十指に満たない」——一度聴いたら忘れられない〈名曲〉と〈傑作〉の違いはどこにあるのか。第九、雨だれ、指環など、国境も時代も超えて後世に残る曲の秘密を探る。

2587

今昔物語集 天竺篇 全現代語訳
国東文麿訳

天竺（インド）の地に仏教が生まれてから展開する壮大な物語。釈迦と舎利弗、文殊ら弟子たちが苦悩し活躍する様を生き生きと描く。既刊『今昔物語集』（一）～（五）より現代語訳を抽出し、一冊に再編集。

2590

世阿弥
北川忠彦著（解説・土屋恵一郎）

約六〇〇年前、大衆芸能を芸術へと昇華させ、多くの名作を遺し、世界初の演劇論とされる『風姿花伝』を執筆した天才能楽師。彼はいったい、何者だったのか。その哲学と全業績を検証し、晩年の謎にまで迫る。

2595

〈英国紳士〉の生態学 ことばから暮らしまで
新井潤美著

ちょっとした言葉遣いにも階級があらわれる「階級にとりつかれた国」イギリス。「紳士」たらんと背伸びしてきた人々の、一〇〇年以上もの悪戦苦闘を豊かなエピソードで綴る、ほろ苦くもおかしい文化論！

2601